聪明父母这样做

廖康强 编著

山西出版传媒集团　山西人民出版社

图书在版编目（CIP）数据

聪明父母这样做／廖康强编著．—太原：山西人民出版社，2014.8
ISBN 978-7-203-08547-8

Ⅰ．①聪…　Ⅱ．①廖…　Ⅲ．①家庭教育　Ⅳ．①G78

中国版本图书馆 CIP 数据核字（2014）第 099969 号

聪明父母这样做

编　　著：	廖康强
责任编辑：	傅晓红
装帧设计：	谢　成
出 版 者：	山西出版传媒集团·山西人民出版社
地　　址：	太原市建设南路 21 号
邮　　编：	030012
发行营销：	0351-4922220　4955996　4956039
	0351-4922127（传真）　4956038（邮购）
E－mail：	sxskcb@163.com　发行部
	sxskcb@126.com　总编室
网　　址：	www.sxskcb.com
经 销 者：	山西出版传媒集团·山西人民出版社
承 印 厂：	山西出版传媒集团·山西人民印刷有限责任公司
开　　本：	720mm×1010mm　1/16
印　　张：	13.75
字　　数：	200 千字
印　　数：	1—5000 册
版　　次：	2014 年 8 月　第 1 版
印　　次：	2014 年 8 月　第 1 次印刷
书　　号：	ISBN 978-7-203-08547-8
定　　价：	28.00 元

如有印装质量问题请与本社联系调换

目 录

第一章

素质篇："聪明"父母授孩子以渔，"糊涂"父母授孩子以鱼 ………… 001
1. 成功需要坚持 …………………………………………………… 001
2. 尊重孩子的理想 ………………………………………………… 004
3. 爱拼才会赢 ……………………………………………………… 009
4. 培养有主见的孩子 ……………………………………………… 012
5. 自己的事情自己做 ……………………………………………… 016
6. 树立正确的金钱观 ……………………………………………… 019
7. 为自己的行为负责任 …………………………………………… 024

第二章

品格篇："聪明"父母培养孩子的好品格，"糊涂"父母忽视孩子品德修炼 ………… 028
1. 感恩是一生的财富 ……………………………………………… 028
2. 树立自信心 ……………………………………………………… 033
3. 不让嫉妒心困扰孩子 …………………………………………… 037

4. 做诚信的人 …………………………………………… 040
　　5. 要有乐观的心态 ……………………………………… 044
　　6. 懂得谦虚 ……………………………………………… 048
　　7. 学会坚强 ……………………………………………… 051

第三章

习惯篇："聪明"父母培养孩子好习惯，
"糊涂"父母纵容孩子的恶习 ……………………… 056
　　1. 纠正任性的习惯 ……………………………………… 056
　　2. 养成珍惜时间的习惯 ………………………………… 060
　　3. 一定要有尊敬老人的习惯 …………………………… 063
　　4. 养成阅读的习惯 ……………………………………… 067
　　5. 养成有计划消费的习惯 ……………………………… 070
　　6. 养成讲卫生的习惯 …………………………………… 075

第四章

益智篇："聪明"父母培养有创造力的孩子，
"糊涂"父母教出听话的孩子 ……………………… 078
　　1. 让幼小的心灵长上智慧的眼睛 ……………………… 078
　　2. 我有一双想象的翅膀 ………………………………… 082
　　3. 找到施展才华的空间 ………………………………… 085
　　4. 保护好奇心 …………………………………………… 088
　　5. 开发孩子的潜能 ……………………………………… 091

第五章

礼仪篇:"聪明"父母培养孩子的高贵,
"糊涂"父母忽视孩子的礼仪 …………………… 095
1. 害羞的孩子也大方 ………………………………… 095
2. 教育孩子不说脏话 ………………………………… 098
3. 善于控制情绪的人才能控制人生 ………………… 101
4. 掌握接听电话的礼仪 ……………………………… 105
5. 日常生活礼仪必修课 ……………………………… 109
6. 幽默的孩子有风度 ………………………………… 112

第六章

学习篇:"聪明"父母重视内驱力,
"糊涂"父母不断施加压力 …………………… 115
1. 把"让他学"变成"我要学" ……………………… 115
2. 不妨做一次孩子的学生 …………………………… 118
3. 别把分数视为"命根子" …………………………… 122
4. 合理运用网络 ……………………………………… 125
5. 找到适合的学习方法 ……………………………… 128
6. 引导孩子主动去学习 ……………………………… 133

第七章

沟通篇:"聪明"父母擅长与孩子沟通,
"糊涂"父母与孩子沟通有障碍 …………… 137
 1. 批评时对事不对人…………………………… 137
 2. 给予更多的鼓励和启发……………………… 140
 3. 学会向孩子倾诉……………………………… 143
 4. 给孩子解释的机会…………………………… 146
 5. 给孩子足够的尊重…………………………… 149
 6. 教育孩子拒绝暴力…………………………… 153
 7. 赞美孩子的善良……………………………… 156

第八章

朋友篇:"聪明"父母鼓励孩子大胆交际,
"糊涂"父母害怕孩子交朋友 ………………… 160
 1. 嘴甜的孩子讨人喜欢………………………… 160
 2. 尊重孩子的朋友……………………………… 164
 3. 教孩子处理好自己的事……………………… 167
 4. 正确对待异性朋友…………………………… 170
 5. 懂得拒绝……………………………………… 173
 6. 学会与人分享………………………………… 178
 7. 学会与人合作………………………………… 182

第九章

青春期篇:"聪明"父母帮助孩子平稳度过青春期,
"糊涂"父母与青春期孩子针尖对麦芒 ……………… 186
1. 平稳度过叛逆期…………………………… 186
2. 理性对待孩子追星………………………… 190
3. 恋上老师怎么办?…………………………… 194
4. 青春期的小秘密…………………………… 197
5. 寻找共同语言……………………………… 202

前　言

您是否正有这样的苦恼：

"为什么孩子不能理解我的苦心？"

"为什么我花了很多时间教育孩子，却总不能达到预期的效果？"

"我该如何去和孩子沟通？"

"我该如何让孩子爱上学习？"

……

如果您真遇到了这样的麻烦，那么应该静下心来，认真阅读本书。

毋庸置疑，父母都是爱孩子的，但问题的关键是，仅仅有"爱"还远远不够，还需要"爱的方法"。有些父母就是因为用了不恰当的教育方式，在不知不觉中毁掉了孩子的信念、尊严，甚至是孩子的未来，而出现的这一切结果，都是在以"爱"的名义而进行的。

父母与孩子之间存在着诸多矛盾，比如：父母对孩子的关心爱护举动，孩子却根本不领情；父母原本想和孩子好好聊聊，却发现孩子总是心不在焉……其实，孩子在接受"爱"时是有选择性的。

有很多父母，想得最多的是"应该对孩子做些什么"，却很少去考虑"怎么做孩子才会接受"。这样长此下去，父母和孩子之间就逐渐出现了严重的隔阂，父母越来越琢磨不透孩子的心

聪明父母这样做

思,也因此越来越着急,孩子也越来越感受不到父母的爱,甚至开始对父母表现出厌烦和排斥。

如果父母在家庭教育过程中,始终无法打开孩子的心扉,自然也就得不到孩子的认可。在这种情况下,即使父母依然全身心地付出,也往往会"事与愿违"。

"爱"是需要学习的!

要想让家庭教育能真正奏效,就应该从现在开始,静下心来,认真阅读本书。

家庭教育应该是一项创造和得到快乐的事情!当一个孩子在快乐的时候,学习任何东西都比较容易;而当他处于不快乐的情绪中时,他的智力和潜能就会大大降低。因此,聪明的父母懂得营造一个快乐的气氛,让孩子在快乐中对生活充满信心,并且能够感受到生活中不仅仅有单调的作业,还有很多美好和令人快乐的东西。

健康的家庭教育也应该是轻松的。父母就像牧者,当牧者在放羊时,不会去教羊怎么吃草,或者喂给它吃,而是将羊带到一个水草丰富的牧场,至于羊怎么吃草,牧者不会管它。因此,在家庭教育中,父母的作用是引导,如牧者把羊群引到牧场一样,父母应当把孩子引导到一个有丰富的知识、美好的世界里去,让孩子主动学习。

事实上,我们也能发现,身边那些培养了优秀孩子的父母,总是轻松又快乐的。他们看上去很少为孩子的事操心,他们的脸上也总是洋溢着满足和幸福的笑容。而有的父母,他们的孩子就表现得很糟糕,他们也总是为孩子的教育不停忙碌,脸上常常布满忧愁。

想让自己成为快乐轻松的父母,就应该从现在开始,静下心来,认真阅读本书。

父母是孩子的第一任老师,家庭教育直接影响着孩子的健康成长，甚至是孩子一生的幸福。

生活中，我们不难发现：有的孩子礼貌、为人谦和、关心他人，而有的孩子则自私、孤僻、厌学、抑郁。

孩子之所以出现这些不同的表现，除了遗传因素外，与孩子家庭的人际关系、父母的教育方式、父母的教育观点等有直接关系。

要想让孩子健康成长，父母就必须用聪明的方式对孩子进行教育。千万不能再继续那种简单茫然的教育方式，那只会让孩子离你的期望越来越远，最终让你陷入失望乃至无望的境地！

本书通过列举大量的事例，加以精准的分析，让读者清楚地看到"聪明的父母"和"糊涂的父母"在家庭教育方式上的不同以及这些不同所带来的截然相反的结果。阅读本书，我们可以学习到科学的育儿知识和教育方法，将这些知识和方法应用到家庭教育中，在生活中不断地总结经验，琢磨领悟，就能逐渐掌握家庭教育的艺术。

孩子的成长是一个不可再造的过程，父母千万不能在对孩子造成了无法弥补的伤害后，才开始想到要去学习。应该从准备做父母的那一天起就树立起一种意识：要让自己成为一个有责任感的父母，不断提高当父母的思想认识水平和技巧。

所以，为了避免让自己成为伤害孩子的糊涂父母，就应该从现在开始，静下心来，认真阅读本书。

感谢你静下心来阅读本书！

如果你正在以一种认真的态度来阅读本书，很高兴，因为你正在努力成为一个聪明的父母，这对你的孩子来说，是一件幸福的事；对你来说，同样如此。

第一章

素质篇："聪明"父母授孩子以渔，"糊涂"父母授孩子以鱼

1. 成功需要坚持

不能坚持到终点的人，不可能达到人生的目标，甚至不能取得阶段性的胜利。善始而不能善终的人，不足以谈成败。

"聪明"父母这样做

孟子小时候非常顽皮，有一次，他一连三天没去上学，早上出门时说去上学，下午也准时回家，孟母也不怀疑。孟子三天没去学堂，私塾的先生还以为孟子生病了，便派人到孟子家里探问。这时，孟母才知道儿子逃学了。

孟母十分生气，等到下午放学孟子回来了，母亲问他："你到哪儿去了？"

孟子就撒谎说："我上学去了。"

见孟子撒谎，孟母勃然大怒，拿起剪子就把织布机上的织梭给剪断了。孟子十分害怕，因为卖布是他们维持生计的唯一来源，他知道母

聪明父母这样做

亲真的生气了。

孟子立刻跪下来等待孟母的训斥。但是等了好一会儿，孟母也没有出声。

"母亲，我错了，您惩罚我吧。"孟子非常害怕，战战兢兢地开口。

孟母看了看孟子，严厉地问他："你错在哪里了？"

"我不该逃学。"

听了这话，孟母脸色有些缓和，说："你承认就好，现在我就罚你把断了的线头全部接上。"说着，指了指织布机。

孟子看到那几百根经线全剪断了，凌乱一片，哪里还接得上？

见儿子面露难色，孟母便说："现在你知道艰难了吗？"

看到儿子默不作声，孟母说道："读书贵在坚持，就如同织布一样，截断了就接续不上了。即使接续上，织出来的布也满是疙瘩，没有人会要。你贪玩逃学，就等于截断织梭，怎么会有成就呢？"

母亲的话让孟子下决心刻苦学习，最终成了道德高尚、学识渊博的人。

点点评评：

孟母用断机杼的方法让孟子懂得了事情一旦不坚持做，就连续不上了的道理。上学就是这样，如果不坚持学习，是不会有成就的。

"糊涂"父母那样做

小俊平时做事总是有头没尾，不能坚持到底。这段时间喜欢上了画画，可是有一次遇到了点小困难，就哭着闹着再也不画了。父母对宝贝儿子宠爱得不得了，孩子不愿意画，也没有强迫他。

一段时间后，小俊又喜欢上了弹钢琴，非要父母给他买钢琴。父母禁不住他的恳求，又一次答应了他。可是学琴一段时间后，小俊又觉得太难，不想学了。父母看到孩子遇到点困难就不能坚持，非常担心。

> **点点评评：**
> 　　小俊的父母看到小俊遇到困难不能坚持时，不仅没有正确地进行引导，反而一味地向他妥协，这样只会让小俊养成不能坚持的坏习惯。

父母指南

　　孩子做事情有这样一个特点：刚开始时还能认认真真，时间一长就会马马虎虎，坚持不下来，到最后只有放弃。在成长的过程中，大多数孩子都会出现这种情况，也可以说这是孩子们的通病。

　　对孩子来说，世界上的许多东西都是新奇的，今天想打篮球，明天想打乒乓球，后天又想当画家，但是，坚持对一个人成长的意义非常大。因为做任何事情都需要有一个过程，这种过程需要努力，需要坚持，只有持续不断的努力才有可能成功。做任何事情都可能遇到困难，而人类对于困难天生就有一种逃避的本能，对孩子来说，遇到困难后不能继续坚持下去很正常。所以，培养孩子具有坚持的精神是一件非常重要的事，也是一件难事，加上孩子生性好动，对一切事物都感兴趣，目标不专一，做事情难有常性，培养起来就更加困难。

　　那么，父母应该怎样培养孩子的坚持精神呢？

　　（1）给孩子安排的任务要难度适中。如果任务太多太难，会让孩子望而生畏，从而产生对抗情绪或是干脆放弃不做。对一些难度稍大的任务，可以分解成几个小任务，让孩子一个一个地完成，这样也能给孩子带来成就感，当所有的小任务都完成时，整个任务也就完成了，孩子的坚持精神就会在不知不觉中培养起来。

　　（2）父母要以身作则，为孩子树立起榜样。父母做事的态度在很大程度上会影响孩子做事的态度。做事不能坚持的父母很难培养出有恒心的孩子。所以，父母首先要为孩子做好榜样工作。

（3）父母要语气坚定，耐心指导。父母要求孩子做某件事时要语气坚定，让孩子懂得这是一件非常重要的事情，不能随便对待。孩子看到父母对事情重视了，他也就不敢马虎了。在此基础上，父母还要进行耐心的指导，孩子就能相对容易将事情完成。在这个过程中，无论出现什么问题，父母都不要在孩子身边唠叨，甚至训斥，这会让孩子产生反感情绪，以致中途放弃。

（4）利用各种机会培养孩子坚持的精神。如果孩子喜欢种花，父母可以买来花盆和花籽，与孩子一起种花。在种花的过程中，让孩子观察和了解植物生长的过程，体会生命的全过程，同时培养孩子的耐性。在这个过程中，他会明白：无论怎样着急，今天播下种子，明天也不会出苗，后天不会长大，如果想要收获，就必须耐心地坚持下去。

坚持对于一个孩子成长的意义非常重大，有时，成功与失败之间只差一步，这个差距就是看谁能够坚持到底。父母要通过训练孩子对一件事情的坚持，来锻炼孩子的意志力。

2. 尊重孩子的理想

孩子有自己的理想、抱负与追求。作为父母，不要强迫孩子实现自己未实现的理想，不要去替孩子规划他们的人生。

"聪明"父母这样做

肖肖是高三的学生，今年就要参加高考了。他学的是理科，虽然数理化成绩还不错，但是他更偏爱文科的课程。在肖肖眼里，数理化的公式，远远没有写作更吸引他。高考前夕，学校组织大家填报志愿。

老师讲解了如何填报的要求后郑重地告诉大家，这次填报志愿，相当关键，因为填报了什么专业，就意味着将来要从事什么行业。可以说这次填报志愿，也就是给自己的将来选择一个方向。

老师的话引起了肖肖的思考：我该给自己选择什么样的方向呢？

他决定听听父亲的想法。

"爸爸，您说我应该报什么专业呢？"

"你的理科成绩不错，就报最热门的计算机专业吧，将来找工作很容易。"爸爸有自己的看法。

"爸爸，虽然我的理科成绩还不错，但是我更喜欢文学。我希望将来可以从事这方面的工作。"

"孩子你可要想好啊，"爸爸很担心，"现在马上就要高考了，你要换专业怕来不及了。"

"爸爸，我觉得让我一辈子从事不喜欢的工作，我会很痛苦。如果今年考不上，我想来年再考。"

"孩子，你要慎重考虑啊。"爸爸的目光凝重起来。

"爸爸，我想从事自己喜欢的工作。您能支持我的选择吗？"

过了很久，爸爸终于下了决心："孩子，我不干涉你的决定。如果你真的喜欢写作，那么就好好准备吧。"

在父亲的支持下，肖肖坚持报考了喜欢的中文专业，令人惊喜的是，他竟然考上了吉林大学的中文系。

点点评评：

肖肖的爸爸在孩子高考的这个人生转折点，没有要求孩子按照自己的理想去做，这让肖肖可以选择自己的爱好和理想。

"糊涂"父母那样做

李浩妈妈十分喜欢拉小提琴，可是因为各种原因却没有取得什么成绩，因此，她便将全部心血都放在了孩子身上。李浩6岁那年，妈妈就

聪明父母这样做

为他报了小提琴培训班，并规定每天练琴两个小时。李浩每天都哭着说他不喜欢、不愿意去学小提琴，这位妈妈要么严厉、要么耐心地劝导李浩，希望孩子能够回心转意，却从来没想过改变自己的做法。李浩的老师本想劝说李浩妈妈，孩子在学琴时厌恶情绪很浓，不喜欢就不要学了。可是李浩妈妈反要老师帮助劝劝孩子。她说："咱们这一代人吃了很多苦，那个时候的条件有限，没有受到好的教育，现在条件好了，我不希望自己的孩子也像自己一样，我要好好培养他。"

终于有一天，李浩实在不想去学琴了，就把自己的手用刀了划了很多口子，妈妈看到孩子血肉模糊的手，才后悔莫及。

> **点点评评：**
> 李浩的妈妈自己喜欢拉小提琴，就不管孩子是不是也喜欢，逼着李浩学，结果把孩子逼得自残。

父母指南

在"理想强加现实"的过程中，孩子不仅被剥夺了玩耍和思考的自由，父母也会跟着受苦受累，可谓吃力不讨好。

面对父母的期望，孩子们颇为烦恼和抵触。谁都希望自家的孩子能迅速成才，但是有时候操之过急，会给孩子带来巨大的心理压力。俗话说"欲速则不达"，本来现在的课业已经繁重，再添加"额外任务"，只会使孩子苦不堪言。仔细想想，现在的孩子其实挺不容易的：在家里，他要努力做好父母眼中懂事省心的"乖孩子"；在学校里，他要努力争当老师心目中成绩出色、品学兼优的"好学生"。不少父母对子女的高期望值，从幼儿园时期就开始了，他们希望孩子能像古代科举考试一样"连中三元"，从重点小学、重点中学到重点大学一路走来，直至谋求一份令人羡慕的好工作或者是出国留学深造——这几乎成了传统教育下"成才"的终极定义。由此可见，中国的孩子既是幸运的又是不幸的，幸运的是他们有着最疼爱他们的父母和亲人，不幸的是他们柔弱的肩膀过早便肩负起沉重的期待。

父母如果继续坚持这种功利性极强的教育，对于孩子的负面影响是显而易见的，这可能会抹杀孩子快乐的天性和独立的人格，还会对孩子的心理发展产生不良影响，严重的会逼孩子走上绝路。这绝不是危言耸听，现实的例子在我们身边不胜枚举。许多父母因为自己未能实现理想和遗憾，便希望下一代能够替自己圆梦，这像极了下面这则寓言中描述的状况：

鸭妈妈平时总是对鸭宝宝说："当年，妈妈多次努力未能冲上云霄，那真是今生最大的遗憾。现在，儿子你要努力替我完成这个心愿啊，你一定要在天空中翱翔，像天鹅一样飞呀飞……"

"可是，妈妈，我听鹦鹉老师说，我们鸭子是不会飞的！"鸭宝宝反驳道。

"话虽如此，但是儿子你可不能这么轻易就打退堂鼓呀！你要记住，你的目标是蓝天，而不是成天在河里游来游去。只要你敢想敢做，努力尝试，就一定可以成功的！"接下来，鸭宝宝每天在鸭妈妈的指导下，不断地助跑、挥翅、腾空，结果总是以跌得鼻青脸肿、伤痕累累而告终。最后鸭宝宝痛哭地哀求说："妈妈，我实在是飞不起来，你就不要再让我飞了！"鸭妈妈的心软了下来，但还是不免责怪鸭宝宝："你这孩子真是太让我失望了，这么一点小事都做不了，怎么就不能给妈妈争一口气呢？"

可以想象，这件事会给鸭宝宝的心理带来怎样的阴影，也许它以后做任何事都会变得极不自信，甚至自卑。"让鸭子学飞翔"这种看似荒谬的做法，在现实家庭中其实屡见不鲜。有些做父母的，总是将无法实现的理想强加在孩子身上，结果只能苦了孩子。父母不要将自己的意愿捆绑在孩子身上，孩子的人生理应只属于他自己，身为父母要的只是理性的引导，而无权强迫或者干涉其成长。正如西方一句名谚所说：你可以把马领到河边，却无法强迫马饮水。

现在的孩子多是独生子女，一旦父母对孩子的未来抱定"只许成功，不准失败"的心态，并在孩子身上投下高额的"赌注"，恐怕会酿成孩子"不成功，便成仁"的悲剧。所以，做父母的在对孩子的期

聪明父母这样做

望层面，要尽力纠正两点错误观念：

（1）将未完成的理想强加给孩子。每对父母都有人生理想，但是幸运的圆梦者终究还是少数，这一结果其实很正常。但是出于一种补偿心态，父母会在潜意识里不自觉地将这种理想转嫁给孩子，比如没上过大学的父母希望孩子能够考上大学，没走成艺术之路的父母希望孩子能在艺术领域有所作为。在这一错误观念的支配下，许多父母将孩子作为补偿人生缺憾的工具，强迫孩子去做不喜欢做的事。

对此，日本教育家池田大作先生曾这样说过："父母可以有自己的理想，但干涉孩子的理想，就等于不承认孩子的人格。青少年不良行为的种子，最初都是从这里发芽的。"其实换位思考（站在孩子的立场去想），父母就不难理解孩子的愤怒了。说白了，父母连自己都做不成的事情，怎么能强迫孩子替你"圆梦"，岂不是荒唐可笑吗？建议有此心态的父母，多去反省自己：如果别人强迫我去做不喜欢的事，我会有何反应呢？

（2）功成名就的父母，往往希望孩子达到或超越自己的成就。成功的父母很容易自以为是地以个人的标准去要求孩子，认为孩子不如自己便是失败。这同样是可怕的谬论，一个人的成功是多种因素共同作用的结果，世界上没有完全相同的两片树叶，即使是双胞胎也存在性格和智力上的差异，更何况是只有血缘关系的两代人呢？父辈能成功，儿辈未必能；反之亦然。我们可以让子女继承父母身上的好品质，但决不能强求孩子与你有同样的人生轨迹和成功事业。

孩子并不是父母生命的简单复制品和延续体，他是一个有崭新思维的生命体。当你赋予孩子生命后，孩子就将作为一个独立的个体存在，父母不应该控制他的未来。正如一句广告词中所说的："不做第二个谁，只做第一个我！"这恐怕说出了绝大部分孩子的心声。做父母的，只有尊重孩子的个体化差异、培养他们的个性，才会让他们找到未来的成功之路。

3. 爱拼才会赢

中国有句古语：宝剑锋从磨砺出，梅花香自苦寒来。的确如此，纵观天下成功人士，他们的成功并不是唾手可得，而是经历了长期积极主动敢于拼搏的斗争。

父母应该告诉孩子，在人生道路上，风雨无处不在，只有具有敢于在风雨中拼搏的精神，才能成为成功者。

"聪明"父母这样做

郭晶晶7岁进入河北保定训练基地开始跳水训练。虽然年纪很小，却有一股勇于拼搏的精神。在众多队员中，她是最勤快、最肯吃苦的队员。

当时教练说郭晶晶的膝盖有些外突，这会影响她跳水时的造型美感。这就意味着郭晶晶就算技术再好，也达不到最高境界。但是郭晶晶并没有放弃，她想到一个解决的办法，就是每天让爸爸坐在她的膝盖上压着，纠正自己身体上的这个缺陷。每天这个时候，郭晶晶都要忍着巨大的疼痛，汗水与泪水同时从脸颊上滚落下来，年幼的郭晶晶有了放弃的念头。

父亲理解孩子所承受的痛苦，心中也是十分矛盾，但是他还是希望孩子能够坚持下来。父亲告诉晶晶，爱拼的孩子才会赢。听完这句话，小晶晶的心底瞬间生出一股力量。于是，她决心不放弃，这一压，就压了整整两年。

经过几年的训练，当年和郭晶晶一起练习跳水的女孩都纷纷退出了

聪明父母这样做

跳水队，最后坚持下来的只有郭晶晶一人。能够让她坚持的就是她勇于拼搏的精神。

随后，郭晶晶遭受了连续两届奥运会的失败、骨折、改变技术、视网膜脱落等一系列打击，但是她依然没有放弃，依然在跳水的生涯里奋斗着、拼搏着。经历了十几年的奋斗，郭晶晶终于在2004年雅典奥运会上获得了她多年梦寐以求的奥运金牌。站在领奖台上，郭晶晶是从容的，因为她知道，这枚金牌应该属于她，毕竟她曾经那么勇敢的拼搏过。

> **点点评评：**
>
> 　　年幼的郭晶晶承受着人们难以想象的苦痛，想过要放弃。而这时候的父亲鼓励孩子要有拼搏的精神，培养了郭晶晶不屈不挠的精神。最终一系列的磨难，都无法将郭晶晶击垮，冠军头衔实至名归。

"糊涂"父母那样做

这次学校开运动会，梦梦有两个项目是在同一天，一个是女子400米短跑，一个是女子3000米长跑。去年梦梦拿了女子100米的冠军，今年最关键的是梦梦并没有参加过3000米长跑的项目，对她来说具有一定的挑战性。但是梦梦想，不管怎样，既然参加了，就尽量吧，她用的是尽量，而不是拼。

紧张的女子3000米长跑开始了，随着体育老师一声尖锐的哨声，运动员们像一支支蓄势已久的利剑射了出去。刚开始，梦梦跑得很快，每次听到自己班上啦啦队的呼喊声与加油声，她就非常有斗志，很快就把其他选手甩在身后，并且遥遥领先。

可是几圈之后，梦梦从第一名落到了第三名，长久的奔跑，消耗了她全身的力量，她已经疲倦力尽了。同学们的欢呼声和加油声更强烈了，可对梦梦来说已经起不到任何效果了，她现在希望的就是能停下来。

她突然想起了妈妈说的话："孩子，跑不了就算了，这次不行咱还有下次。"她的大脑很快就被妈妈的那句话占据了。就在跑到2500米的时候，梦梦败下阵来，她放弃了。

正在这个时候第二名的那个女生也败下阵来。没过多久，第一名的女生因摔了一跤，自动弃权了。坚持下来的第四名女生成了冠军。梦梦好懊恼，要是再拼搏一会儿，再坚持一会儿，冠军就是自己的了。但事与愿违，她并没有这种拼搏精神，所以与冠军擦肩而过。

点点评评：

一个人的人生旅途，好比梦梦的3000米长跑，行程的路上肯定会有艰难险阻，但是只要肯于探索和拼搏，就有可能成功。而这场比赛中，梦梦与冠军擦肩而过，就是差那么一点点拼搏精神。

父母指南

三分天注定，七分靠打拼，爱拼才会赢。这句话为什么能被人广为传颂？因为它是一个已被事实证明的真理。俗话说，天下没有免费的午餐，上帝也不会无缘无故的给你一个成功的头衔。一分耕耘一分收获，做任何事情都要付出一定的代价。

阿里巴巴集团总裁马云曾说：今天很残酷，明天更残酷，后天很美好，但是绝大多数人死在明天晚上，见不着后天的太阳。如果将这句话刨根问底，为什么很多人见不到后天的太阳，那就是这些人没有拼搏精神。

那么，父母该怎培养孩子的拼搏精神呢？

（1）父母要帮助孩子确定正确的目标。目标就像孩子的导航灯，用清晰的方向给予孩子行动指引。有目标，才会激发孩子的动力，有了动力，孩子才会努力拼搏。

（2）在孩子前进的路上，难免会有一些不如意的事情发生。有的孩子受不了打击，因此会产生放弃的念头。想要孩子重新焕发拼搏的精神，父母必须对孩子进行激励。在对世界级的运动员调查中发现，他们早期的运动生涯中，对他们影响最大的就是父母的激励，可见激励对孩子有着不可估量的作用。

（3）父母应当营造积极向上、勇于拼搏的家庭氛围。一个家庭具备的氛围对孩子有着非常大的影响，它无时无刻不在影响着孩子的态度与行为。有这样一则寓言故事，有人问老鹰为何要在苍穹中培养自己的孩子，老鹰说："如果我贴着地面去教育他们，他们就看不到我飞翔，看不到我的力量，又怎能让他们飞起来呢？"是的，唉声叹气的父母，又怎能培养孩子甘愿拼搏的精神呢？只有奋发图强的父母才能令孩子也奋发起来。

4. 培养有主见的孩子

要想把孩子培养成为有主见的人，对于孩子的事情就不能"包办"，要事事让孩子自己想办法，自己拿主意。

"聪明"父母这样做

爸爸带着儿子彬彬在小区广场上玩，彬彬很想爬上滑梯，但由于他个头太矮，滑梯的第一个台阶又太高，他怎么爬都爬不上去。尝试多次没成功之后，他苦恼地问爸爸："爸爸，该怎么办呀？"爸爸蹲下来抚摸着他的头说："爸爸不喜欢你说'怎么办'，再想一想！"

彬彬想了一会儿，突然兴奋地对爸爸说："爸爸，我把小板凳放在滑梯下面，然后踩着小板凳往滑梯上爬，你觉得怎么样？"

爸爸笑着对他说："那就去试一试吧！"

彬彬这样做了，结果一切都变得特别简单。等彬彬下了滑梯后，爸爸把他搂在怀里对他说："你刚才问我'你觉得怎么样'时简直就像个小大人，爸爸喜欢你这样问！"

长此以往，彬彬遇到问题一般不会问别人"怎么办"，而是积极地想办法，自己拿主意。

点点评评：

爸爸在彬彬向自己询问怎么办时告诉孩子，自己不喜欢他问"怎么办"，而是喜欢他说"这样做怎么样"，这其实就是在鼓励孩子自己想办法、自己拿主意。在爸爸的鼓励下，再遇到问题时，彬彬自然会积极地想办法自己去解决了。

"糊涂"父母那样做

小瑞的妈妈一直扮演着"包办妈妈"的角色：小瑞吃什么、穿什么以及与哪些小朋友交往，她都已经为他安排好了，小瑞也非常听话，妈妈让他做什么，他就做什么，让他怎么做，他就怎么做。这就造成孩子事事都听妈妈的，毫无主见。甚至孩子上了小学之后，还常常这样问："妈妈，明天同学生日聚会，你说我给他买什么礼物呀？"

小瑞妈妈看到小瑞一个男孩子家这样没有主见，很为他的以后担心。

点点评评：

小瑞妈妈把所有事情都为孩子安排好了，还有什么事情需要小瑞自己拿主意、自己决定的呢？

聪明父母这样做

父母指南

孩子听话、乖巧可以让父母少操很多心，也不用担心他在外面惹是生非；但孩子表现得太过顺从，凡事都没有主见，那么对他今后的健康成长是非常不利的。良好的知识素养对孩子的成长大有必要，但父母更要明白，有魄力、有主见则是孩子日后成才所必不可少的素质。

孩子往往以自我为中心，作为父母，如果不能走进他们的内心世界，不注意尊重他们的自主要求，而一味地按照自己的想法为他们规定一种生活和学习模式，孩子的依赖性就会越来越强，这样的孩子长大后，很可能会是一个优柔寡断、毫无主见的人。

那么，在日常生活中，父母应该怎么培养孩子的自主能力呢？

（1）给孩子表达意愿的机会。孩子做事没有主见与父母缺乏和孩子沟通、做事过于武断、不注意尊重他们的个人要求有很大关系。孩子失去了自己的判断力，依赖性就会变得越来越强，更加优柔寡断、没有主见，父母应该给孩子充分表达自己意愿的机会。比如说，在装修房间的时候，征求一下孩子的意见：房间怎么设计更好，他喜欢把自己房间的墙壁涂成什么颜色，他喜欢把书架摆放在哪个位置，什么颜色的家具更好看等等。让孩子也有主人翁的感觉，再遇到类似事情的时候，他就会积极思考，发表自己的意见。

（2）用启发式的话语代替命令。当孩子自己拿不定主意时，父母要用启发式的话语代替命令，如"如果是你，你会怎么选择？""我想听听你有什么意见。"这类的沟通方式能让孩子感觉到父母对他的重视，在父母的鼓励下，孩子就喜欢主动承担家里家外的很多事情了。

（3）教会孩子说"不"。父母应该给孩子制造机会练习拒绝别人的无理要求，比如他的小朋友建议他往人家院里扔垃圾、逃课一起出去玩，父母要教会孩子怎样拒绝别人并说服别人也不要这样做。在生活中，孩子胆小、懦弱，总是会被他人左右，这样的孩子其实内心非常痛苦和焦虑。这时父母要教孩子学会如何说"不"，并让孩子坚持下去。另外，在教育孩子的时候，父母要以肯定和信任的态度对待孩子,孩子是以成人的评价来对自己进行评价的,所以,成人的肯定和信任是孩子自信的关键,要根据孩子的发展水平来要求他,不要太高,也不要太难。

(4)教给孩子自主选择。父母对孩子自主选择权的尊重,可以从生活中的各个方面做起:

饮食方面:在不影响孩子饮食均衡的情况下,父母可以让孩子自己选择吃的东西,不要强迫他吃一些父母觉得很有营养但他却不爱吃的食物,这样做只会造成孩子的厌食情绪。

穿着方面:父母带孩子外出游玩时,在安全和健康的前提下,可以让孩子自己决定穿什么衣服和鞋子,不要随自己的喜好而不顾孩子的感受。

玩耍方面:孩子玩游戏的时候,不愿意让父母给自己制定游戏规则,更愿意自己决定游戏方式,并体验其中的乐趣。父母可以让孩子自己选择玩具和玩的方法,这样做可以满足孩子的自主意识,帮助他成为一个有主见的人。

购物方面:为孩子买的小件东西,可以让他们自己做主,就算孩子买错了,父母损失也不大,却让孩子获得了一次锻炼自己的机会;再说这次买错了,下次他就会知道应该买什么样的,如果是父母买的,他是不会珍惜的,就算是自己非常喜欢的东西也不会在乎。

(5)鼓励孩子勇于挑战。父母欣赏孩子循规蹈矩,但更希望孩子能有个性,敢作敢为。有的孩子平时很听话,父母要是说了什么,或者从书上、电视上以及在报纸杂志中看到什么,他都认为这是对的,于是就不敢越雷池一步。

遇到这种情况,父母要鼓励孩子学会分析,要有自己的主见。这样,孩子坚持了自己的见解,结果如果正确,哪怕是偶然性的,这也能给孩子带来很大的鼓舞,因为这会使孩子感觉到,自己的判断有对的可能,别人的判断也不一定全是对的。时间长了,孩子渐渐就不再唯唯诺诺,懂得及时表达自己的观点,坚持自己认为正确的事情了。

5. 自己的事情自己做

现代社会对人才的素质要求越来越高，一个优秀的孩子，除了要具备良好的身体素质和智力水平外，还必须具备很强的自理、自立能力以及很强的动脑、动手能力。

"聪明"父母这样做

4岁的佑佑是家里的独生子，平时一些小事都喊父母或者爷爷奶奶帮忙。这天晚上睡觉时，佑佑又说："妈妈，我不会脱衣服，帮我脱衣服！"这是每天都会重复的事情，但是这天晚上妈妈在给他脱衣服的时候，突然想：孩子虽小，但每天这样的"照顾"会有什么后果呢？

第二天，佑佑的妈妈便把穿脱衣服的方法编成了一首首生动的儿歌，如穿衣服："抓领子，盖房子，小老鼠出洞子，左钻钻，右钻钻，吱哟吱哟上房子。"后来，佑佑成了一只机灵的"小老鼠"，左钻钻，右钻钻，学穿衣服的兴致很高，不久就学会了穿衣服和脱衣服。再后来，每到穿衣服和脱衣服的时候，佑佑不再需要妈妈的帮助了。即使有时候妈妈想要帮助佑佑穿衣服和脱衣服，佑佑也会说："我自己来吧！宝宝长大了，我自己会穿衣服！妈妈你看我穿得好吗？"

点点评评：

佑佑的妈妈用一首儿歌引起佑佑穿衣服的兴趣，慢慢养成佑佑自己的事情自己做的习惯，这有助于他日后形成独立的性格。

"糊涂"父母那样做

陈鼎是在父母的细心呵护下长大的，平时不管做什么，父母会把一切都给陈鼎准备得妥妥当当的。但是随着年龄的增长，陈鼎对这一点越来越反感，他觉得自己必须独立才行。

陈鼎决定先从上学这件事情变得独立起来。以前陈鼎上学，总是爷爷接送，但是现在他马上就要升小学五年级了，从家到学校的路他已经很熟悉了，便想自己一个人独立上下学，而不想再让爷爷接送。

新学期开始的第一天，陈鼎把自己的想法告诉家人："我不想让爷爷送我上学，我自己能上学了，我都这么大了，爷爷还送我上学，万一被同学们看到，肯定会被他们笑话的。"

但是陈鼎的想法遭到了家里人的一致反对："学校这么远，你这么小，怎么能一个人上学？路上车那么多，出点儿意外怎么办？没有大人跟着怎么能行呢？还是让爷爷接送你吧！"

胳膊拧不过大腿。陈鼎只得"束手就擒"，还是在爷爷的"保护"下上学。

> **点点评评：**
> 　　陈鼎的父母和爷爷不给他独立的机会，无论什么事都给他准备好，这样下去，陈鼎怎么能独立，怎么能适应现代社会的激烈竞争呢？

父母指南

现在的家庭基本上都是独生子女，很多父母天天围着孩子转，捧在手里怕摔了，含在嘴里怕化了，宁愿自己辛苦，也不忍孩子动手，父母事事包办。然而，父母的辛苦换来的却是孩子"衣来伸手，饭来张口"的坏习惯，更有甚者，孩子变得越来越自私，事事只考虑自己，不懂得体谅父母的辛苦。

其实，因为父母的溺爱，孩子从小就失去了独立接触生活的机会，在这个过程中，他们本该拥有的与实际年龄相应的生活自理能力没有形成。对于孩子来说，他们将来所面临的社会压力更大，如果他们从小就没有养成独立自主的生活能力，那么将来怎么面对激烈的社会竞争呢？

那么父母应该怎样让孩子学会独立呢？

（1）注意培养孩子的独立意识。父母要让孩子知道，生活、学习不能完全依靠父母和老师，要慢慢地学会生存、生活、学习和劳动，自己的事情自己做，遇到问题和困难要自己想办法解决。

虎子是家里的独生子，家里人对他十分娇惯。他从小就过着"衣来伸手，饭来张口"的生活，任何事情都是家里人帮他完成。

上学后，虎子在学校里的表现也不尽如人意。有一次，他上课迟到了。当他走进教室的时候，别的同学正在听老师讲课，他走到自己的位置上，却发现自己的位置上没有凳子，于是就站在那儿等着，也不主动和老师说自己没凳子，自己也不去寻找凳子。老师问他："你的凳子就在旁边呢，你怎么不去把它搬过来？"虎子说："我搬不动，在家里，我从来没搬过这么大的东西。"

像这样的事情还有很多，虎子在学校一遇到麻烦总是想让老师或同学帮自己解决，从来没有想过要自己亲手解决一些问题。

显然，虎子是一个严重缺乏独立意识的孩子，自小娇生惯养的他已经养成了一种依赖的心理习惯和思维定式——有麻烦肯定有人帮自己解决，何必自己动手呢！如果所有的孩子都有这样的想法，那么他们今后如何适应社会呢？因此，父母一定要注意培养孩子的独立意识。

另外，还要培养孩子的自我教育能力，在学习生活中，要让孩子学会自我观察、自我体验、自我监督、自我批评、自我评价和自我控制……

（2）给孩子提供独立锻炼的机会。自理能力是人生存和发展必需的能力之一，需要通过后天培养才能获得。随着年龄的增长，孩子的内心会产生发挥自身作用的渴望。聪明的父母应该鼓励孩子大胆尝试，即使孩子做得不好，也不要责备。陶行知说过"做家长的最好只有一只手"，父母的责任是帮助孩子学会生活、学会自立，大胆放手让孩子尝试，才能帮孩子迈出走向自立的第一步。

（3）让孩子学会自己的事情自己做。我国教育家陈鹤琴先生说："凡是孩子自己能做的事，让他自己去做。"这对培养孩子的独立性、自理能力很重要，同时也有助于培养孩子的责任感，使他能对自己的生活和行为负责。当然，更重要的是，培养孩子从小就有"自己的事情自己做"的独立意识，是对孩子进行生存教育的基本前提。因为只有在孩子树立了独立自主的精神之后，一切发展才有实现的可能。

（4）孩子能独立做事情后，父母要热情鼓励。对于孩子来说，赞扬与鼓励尤为重要。当孩子成功地完成了一件事情，不管这在大人看来多么简单，都是他勇敢尝试的结果，父母应该及时表扬；即使孩子做得不够完美，父母也不能苛求。例如，刚学会穿鞋的孩子不会在乎自己是否颠倒了左右脚，他们高兴的是"我终于学会了"，若父母及时给予鼓励，祝贺孩子"学会了"，孩子下次就会做得更好。父母的肯定，将给孩子的尝试带来很大乐趣，有助于逐步引导孩子学会自我管理。

6. 树立正确的金钱观

金钱观是对金钱的根本看法和态度，是和人生观紧密相连的。一个人如果没有正确的金钱观，那么他一生都将被金钱"拖累"！

"聪明"父母这样做

小川今年只有10岁，嘴里就张口钱闭口钱的，在他的眼里好像钱是万能的。

聪明父母这样做

这天，妈妈让小川整理自己的房间，小川很积极的收拾完房间跑到妈妈面前说："妈妈，整理好了，给钱吧。"妈妈一愣，问他："你从哪儿学来的？帮妈妈干活儿还要钱？"小川说："同学们都是这样的，他们在家里干活儿都能得到工钱的。"

妈妈说："儿子，你的意思是说，你为对方做了事情，对方就得付给你钱对不对？"小川点点头说是。

于是妈妈说："好吧，那妈妈把工钱给你，不过在给你之前，你要先给我发工钱。"

小川奇怪地问："妈妈，为什么？"

妈妈说："我每天给你做三顿饭，给你洗衣服，还要陪你玩游戏，这些工钱怎么算？"

小川听到这儿，脸一下就红了，拉着妈妈的手说："妈妈，我错了，我为妈妈做事情是应该的。我不会再要工钱了。"

妈妈趁机教育他说："儿子，钱不是万能的，妈妈为你做事情是因为爱你。"

小川亲了妈妈一下说："妈妈，我为您做事情也是因为爱您。"
妈妈欣慰地笑了。

点点评评：
    妈妈用以其人之道还治其人之身的方法让小川懂得了钱不是万能的，纠正了小川错误的金钱观。

"糊涂"父母那样做

小泽的父母都是生意人，家里经常有客人来。每次客人来了，父母都会根据客人送的礼物多少，来确定招待对方的档次，如果客人的礼物价值不菲，小泽的父母就会客气地把家里的开心果、杏仁什么的端出来，还留客人吃顿饭；如果客人只是拎了一袋水果，小泽的父母就只泡壶茶，陪着客人聊天。

奖励孩子时，小泽的父母一向不吝惜。当小泽考了好成绩，父母会一次给小泽200元钱。每逢小泽生日的时候，父母都会给小泽500元钱，不仅如此，爸爸还告诉小泽："这个世界上很多东西都是假的，只有到手的钞票才是真的。"每次做生意赚钱后，妈妈就会领着小泽出去消费。

在父母的纵容下，小泽平时对自己非常大方，对别人总是一毛不拔。有一次，小泽主动帮父母擦皮鞋，然后伸手说："给钱，两元一双。"刚开始父母还不以为然，但是次数多了，他们就不由得为孩子担心了。

有一次，妈妈生病了，爸爸要小泽吃完饭后去洗碗，小泽当时就问："洗一次碗多少钱？"那一刻，爸爸气得肺都快炸了，问道："我老了以后，是不是要你倒杯水都要给钱呀？"小泽吓得不敢大声回答，只是嘟囔说："看在你是爸爸的份上，买一赠一。"爸爸听完这话差点晕倒。

点点评评：

父母的重财观念影响了小泽，他成了一个十足的小财迷，这样下去，他的亲情观会变得越来越冷漠，对人也会越来越小气。

父母指南

现在，随着我们生活水平的提高，孩子接触金钱的机会越来越多，从父母那里得到的零花钱也越来越多了。然而，对于成长中的孩子来说，比金钱更重要的是正确的金钱价值观念，作为孩子的父母，一定要趁早培养孩子的金钱观，让孩子从小对金钱有一个科学合理的认识。

那么，什么是金钱观？简而言之，就是对金钱的认识、分配与使用方法的思考与行为模式。现在，很多孩子在很小的时候，就已经开始认识到"金钱"这个神奇的物品，但是，如果我们能多给予孩子一些正面的教育与示范，就能帮助他们在未来处理金钱的问题上，养成一个良好的习惯。

什么是正确的金钱观？是贪图富贵，挥金如土？还是只挣不花，做守财奴？虽然有钱没钱都可能导致罪恶，但金钱本身并不可怕，关键是父母首先应该弄清自己的价值观，否则无法成功的指导孩子。

对孩子来说，家庭的影响往往是最直接的，孩子因为善于模仿，所以父母的一举一动，无不深深影响着孩子。举例来说，由于现今家庭中独生子女占多数，许多独生子女在家庭与家族中备受宠爱，因此，父母常常有求必应，造成孩子对金钱观与物欲的混乱。父母往往认为能给孩子就多给孩子，却忽略他们是不是适合或是否有真正的需求。

有关专家指出，父母完全能够教会孩子具有经济头脑，也能够训练孩子养成良好的理财习惯，而且这类教育宜早不宜迟。受到良好金钱观教育的孩子长大成人后才能对金钱抱有正常的心态，处理好与金钱的关系。

教会孩子正确对待金钱，父母要培养孩子如下的金钱观：

（1）金钱是生活中的重要部分。父母应该让孩子知道，钱不是天上掉下来的，不是树上长出来的，而是劳动换来的。这样，孩子也能逐渐明白了工作的价值。过去，不少父母在孩子提出金钱方面的问题时，觉得难以启齿，或者顾左右而言他。其实，孩子是有足够的理解力，他们也有权利了解社会运转的机制，只要我们成年人坦然地用孩子能够理解的语言解释给他们听就可以了。

（2）懂得金钱来之不易。在让孩子觉得富足的同时，有必要让孩子看到父母"赚钱"的辛苦，懂得"金钱来之不易"的道理。在用钱时要知道节省，把钱用到该用的地方，不能乱花钱。

（3）让孩子了解金钱的局限性。让孩子了解金钱能做什么，仅仅是金钱观教育的一部分，还有更重要的部分，就是让孩子了解金钱的局限性。我们要想方设法让孩子懂得，世界上有很多东西是无法用金钱来衡量的，这样才能让孩子对金钱有一个更客观的认识，也有助于孩子建立更崇高的世界观和人生观。

（4）父母的钱不代表是孩子的钱。父母辛苦赚来的钱是供孩子读书、生活的，可不是让他炫耀的。孩子应该懂得，用好成绩回报父母的付出，用自己的实力为自己的明天，也为父母的明天，赢得财富。

（5）让孩子了解金融知识。很多父母认为孩子还小，接触理财这么成人的话题有些太早。其实这完全是一种误解。现在是商品社会，孩子不可避免地要与金钱打交道。如何培养一个经济上有责任感的孩子，是每个家庭面临的一个新课题。应该从小就让孩子树立正确的金钱观念，了解基本的金融知识，从小就学习关于金钱的一些知识，养成良好的习惯，为以后的生活打好基础。

父母过度的金钱鼓励，很大程度上会激发孩子对于金钱的占有欲，使孩子在对待金钱的问题上过于偏激或者过于贪财，久而久之，孩子有可能会成为"小财迷"或"小财奴"。

父母的理财教育，会直接影响孩子的财富观念和金钱意识。在对待孩子的理财教育上，父母应当谨慎，既不能过于忽视金钱的作用，又不能过于强调金钱的价值。只有适当而正确的引导，才能让孩子形成健康的财富观，父母要告诉孩子：一个总是想着从别人身上索取利益、却不肯付出任何代价的人，是很难在社会上立足的。

总之，父母要教育孩子对财富的求取懂得适可而止，不能一味贪多。如果贪心不足，往往失去的会更多。孩子在理财的过程中，对外界事物容易抱着美好的幻想，很难抵制来自金钱的诱惑，他们不是理财专家、投资家，不能轻而易举地把一变十、十变百、百变千。在得到好处的时候，要劝孩子懂得收手，告诫孩子不能一味贪多，要保持清醒的头脑，做到花钱有节，理财有度。

聪明父母这样做

7. 为自己的行为负责任

无论事情的结果是怎样的，只要是孩子独立行为的结果，那么就应该引导并鼓励孩子敢作敢当，勇于承担责任，而不是由父母替孩子承担后果，以免给孩子提供逃避责任的机会，淡漠孩子的责任感。

"聪明"父母这样做

阳阳非常喜欢踢球，经常和小伙伴们一起去小区里的空地上踢球。这天，阳阳在踢球时，一不小心，把小区里一家人的玻璃打碎了，这家主人要求阳阳赔偿他玻璃钱50元。阳阳知道自己闯了祸，想不告诉妈妈，但是自己又没有钱赔给人家，于是只好硬着头皮去找妈妈。

"妈妈，"阳阳吞吞吐吐地说，"我今天踢球把别人家的玻璃打碎了，要赔50元钱。"

妈妈严肃地说："哦，我知道了，这是你踢球造成的过失，你得自己负责。"

阳阳脸一下就急红了，为难地说："可是妈妈，我没有钱赔给人家。"

妈妈看着一脸窘迫的阳阳，认真地说："你没有钱，我可以借给你，但是你必须在3个月内还我。"

阳阳没办法，只好答应了妈妈的要求。

从此，阳阳下午放学后都在路上和小区里捡饮料瓶，他听妈妈说过，饮料瓶是可以卖钱的，一毛钱一个，他只要捡够500个，就可以挣够50元钱还给妈妈了。于是，他每天下午放学后都在为还清自己的

"债务"而辛勤劳动着。

终于，两个多月后，阳阳捡够了500个饮料瓶，卖了50元钱，终于偿还了"债务"。同时向妈妈保证，以后再也不会这样冒失了。通过这件事，阳阳懂得了一个人要为自己的过失承担应有的责任。

点点评评：

妈妈看到阳阳闯了祸，并没有替他去把事情处理好，而是让阳阳为闯下的祸端负责，让他自己去承担事情的后果，这就培养了阳阳负责任的品质。

"糊涂"父母那样做

小硕的妈妈要做饭，她从冰箱里拿出几个鸡蛋和一些蔬菜走进厨房，结果忘记把冰箱门关上，而小硕这时一边吃着冰淇淋一边看电视，他是在妈妈开冰箱拿菜之前从里面拿出的冰淇淋，他没看到妈妈没关冰箱门，依然在看电视。妈妈做完饭后来到客厅，看到冰箱门还开着，就对正吃冰淇淋的儿子说："小硕，你怎么这么粗心，连冰箱门也不关呀？"

小硕这才发现冰箱门开着，但他想自己当时拿出冰淇淋后关上了冰箱门，就对妈妈说："我关了。"

妈妈面对儿子的争辩非常生气："还不承认，你关了怎么它还开着呢？"

小硕一点也不示弱，据理力争地说："我真的关了，是不是你刚才拿菜时忘记关了？"

妈妈这时才想起自己从冰箱里拿了菜，但也想不起究竟是自己忘关还是孩子忘关的了，不过她还是坚持说是孩子忘了关的。

小硕受到妈妈的误解非常不高兴，他还是坚信自己肯定是关了冰箱门的，妈妈看见小硕为了这点小事还在较劲，也很生气，她始终坚定地认为肯定是孩子忘关的。

聪明父母这样做

小硕看到妈妈这样推卸责任，心里想，还教我要懂得为自己的行为负责任呢，你自己是怎么做的，以后我就学你，我做了什么错事也要赖到你的头上。

> **点点评评：**
> 妈妈为了自己的面子和尊严而找借口推诿责任，这样一来让小硕非常反感，从而也养成了推诿责任的习惯行为。

父母指南

责任感是孩子需要培养的重要品质，也是他做好事情的推动力。孩子就应该有责任、有担当，这不是天生就有的，而是逐渐培养起来的。责任心需要父母在孩子的日常生活中，不包办、不剥夺，让孩子从小就努力学会用心做好自己该做的每一件事。

父母管孩子是出于对孩子的爱，是孩子健康成长所必需的，不管孩子是父母的失职，这是常理，然而管要有度，不要把孩子管死，要让孩子自己对自己负责。

只有在对自己负责的基础上，孩子才会对父母、对家庭、对社会负责。一个人如果对自己的行为都不能负责，就更难对他人负责了；一个人如果对自己的家庭都不能负责，更不会对社会负责。这样的人是可悲的，既不会得到别人的信任，也不会得到社会的承认。

做父母的都希望自己的孩子是一个有责任感、能够对自己的行为负责的人，因为每个父母都希望自己的孩子能够融入社会，被周围的人所接受。

父母要下功夫培养孩子的责任心，须知"责任存乎心，终生益无穷"。培育孩子的责任心，应从培养孩子的家庭责任心入手。家庭责任心主要是指能尊重其他家庭成员的权利，自愿承担家庭义务，为自己的行为承担责任。

（1）自己的事情自己做。学会生活自理，是对孩子的一项基本要求。生活不能自理，事事由别人操心代劳，势必造成孩子的懒惰和无能。"自己的事情自己做"，其实就是在培养孩子自立、自强。要做到这一点，首先要求父母把孩子视为一个独立的人，像对待其他人一样对待孩子，和孩子进行平等的交谈，让他对自己的行为负责。父母还要让孩子明白，自己的事情自己做会给生活带来许多乐趣。

（2）让孩子自己安排活动。这一点对于自我意识还没有形成的孩子来说确实较难，但这个意识却要在点滴的生活小事中及早播种，让它及早萌芽。父母千万不能自揽责任、包办代替，要让孩子意识到自己想做的事应该自己安排好，并且学着负责到底。每次注意给孩子这样的提醒、教育和帮助，孩子便逐渐有了对自己"负责"的意识。

（3）父母少管或不管。许多事情就是这样，父母事事替孩子想得周全，孩子就会想不周全，却在父母的"周全"中享受。父母事事"不管"，就能调动孩子的积极性和危机感，让他们主动去管理自己。让孩子这样管下去，就能逐渐地管好自己，对自己负责。

第二章
品格篇："聪明"父母培养孩子的好品格,"糊涂"父母忽视孩子的品德修养

1. 感恩是一生的财富

俗话说,滴水之恩,当涌泉相报。"感恩"自古就是中华民族的传统美德。感恩,是一种可贵的生活态度,是一种高尚品德情操,是一个人在社会的立足之本。在中国的历史长河中,有很多可以打动我们心灵的感恩故事。东汉小黄香在寒冷的冬天,先用自己的体温暖了褥子,才让父亲睡到温暖的床上;伟大领袖毛主席真诚邀请他的老师参加开国大典;朱德总司令蹲下身,亲自为母亲洗脚等等这些,都足以证明,不管是一个平凡的还是伟大的人,都必须有一颗感恩的心。

"懂得感恩"是一种深刻的情感蓄积,它能够增强孩子的魅力,开启孩子神奇的幸福之门,发掘出无穷的智慧源泉。感恩和慈悲有异曲同工之妙,所以,当孩子小的时候,父母教育孩子感恩,实在是非常有必要的。

🔍 "聪明"父母这样做

洛洛的父母都是懂得感恩的人,他们也着力培养孩子的感恩品质。父母要求洛洛每天说出3到5件当天他要感恩的人或事,最初,洛洛并不知道该对谁感恩,父母就启发他:"姥姥今天为你包了香香的饺子,早上妈妈没时间送你去上学了,是邻居王叔叔送你去的……这些事情是不是应该感恩呢?"

慢慢地,洛洛就知道要感恩的人或事就是给过自己帮助和快乐的人或事了,这样他就比较容易知道该感恩什么了,"妈妈今天给了我一个拥抱,爸爸今天陪我玩游戏了,今天的好天气让我和小伙伴能痛痛快快地玩一天,我对这些都心存感恩。"后来,洛洛每天需要感恩的人或事就越来越多,正是有了这些值得让他感恩的人或事,洛洛也觉得自己生活得非常幸福,很快乐,他也经常用自己的努力去帮助那些帮助过自己的人,给那些人送去自己的关心和快乐。

> **点点评评:**
> 　　父母以生活中的人或事为教育洛洛懂得感恩的机会和素材,让洛洛每天都说一些值得感恩的人或事,在不知不觉中养成了他懂得感恩的好品质,并努力用自己的行动去回报大家。

🔍 "糊涂"父母那样做

贝贝前段时间感冒了,没有去学校上学,所以几天的课都落下了,幸亏有隔壁的薇薇帮忙。薇薇与贝贝是同班,她会把白天老师讲过的课程再给贝贝讲一遍,让贝贝跟上了学习进度。

贝贝病好后的一天下午放学前,天气突然大变,乌云骤起,父母都给孩子送来了伞。贝贝的妈妈也抽空给贝贝送伞来了。放学时,教室外面下起了倾盆大雨,孩子们拿着伞都各自回家了。教室里,只有没

聪明父母这样做

人送伞的薇薇在焦急地看着门外的大雨。薇薇的父母都在外地工作，家里只有她和奶奶两人，奶奶年老体衰，肯定不能送伞过来。于是她鼓起勇气跟正准备回家的贝贝说："贝贝，我可以跟你共用一把伞吗？"

贝贝这才意识到薇薇没有伞，说："当然可以啊，咱俩一起走吧！"那天的雨很大，弄的贝贝和薇薇两人的衣服都湿透了。

贝贝回到家里，妈妈很奇怪地问她："我特地拿了一把大伞给你，你怎么全身还湿了呢？"贝贝告诉妈妈自己与薇薇共撑一把伞回来的。没想到妈妈生气了："这么大的雨，伞能遮住一个人就不错了，你还和别人一起撑。你看看，把衣服全都弄湿了。你能不能让我省省心啊。"

贝贝委屈地说："可是人家薇薇前几天还帮我补课呢，书上都说滴水之恩当涌泉相报呀？"

妈妈更生气了："报答也不是这种报呀，自己衣服都弄湿了，自己都保不住了你还报答别人，听着，下次再也不许这样了！"

点点评评：

感恩，要来自于真心，更要有一种愿意奉献的精神。如果孩子懂得感恩，而父母却不懂得感恩，往往会使孩子深感困惑，以至于改变孩子对感恩的看法。想要孩子学会感恩，首先父母就必须做到感恩。薇薇帮助贝贝，贝贝心存感激，这是做人的最基本道德，而妈妈却阻止了。

父母指南

孩子在现在的家庭中是"小皇帝"、"小太阳"，父母一切以孩子为中心，在这样的家庭氛围里，生活在富裕的物质环境中，要什么有什么，得到所要的东西似乎是理所当然的。有的父母吃饭时总是把最好的菜让孩子一人独吃，这些在孩子眼里慢慢会成为顺理成章的事。

许多孩子不懂得感恩,特别是对自己的父母。

"受人滴水之恩当涌泉相报"乃为人称道的君子作风,中国有句成语叫"感恩戴德",有句古话叫"恩欲报,怨欲忘;报怨短,报恩长",有句古诗叫"谁言寸草心,报得三春晖",这些无不反映了古人对"感恩"的认同和崇尚。

孩子是父母的希望,是祖国的未来,可是在现实生活中又有多少孩子拥有感恩的情怀呢?在生活中,我们做父母的也许已经习惯了付出,不要求得到回报与感恩,但这是误解,也会误导孩子,影响他们的健康成长与发展,同时是道德教育中的缺失。有位哲人说过,世界上最大的悲剧或不幸,就是一个人大言不惭地说没有人给我任何东西。让孩子学会感恩,从而让他们以友善之心对待他人,尊重他人的劳动,也更加尊重自己,这是父母首先应该考虑和做到的。

从小培养孩子感恩的心,不仅是一种礼仪,更是一种健康的心态。在家里父母与孩子之间的爱不应是单向的,而应是双向互动的。孩子不应只接受来自父母的爱,更应懂得爱的反馈和回报。只有学会感恩,将来在学校里、社会上,才能更好地与周围人相处与合作。因为将来的社会不仅是竞争的社会,更是合作的社会。

感恩需要父母有意识地去教育孩子。如果家长只知道默默奉献,而不把自己的劳动与付出让孩子知道,那么他们也就无从感受到社会和人们对他的爱。让孩子学会感恩,就是教他们懂得尊重他人,对他人的帮助时时怀有感恩之心,而不是忘恩负义,从而让孩子生活得更富有,更美好。

感恩在我们大家中间,是阳光,是雨露,是头顶永远晶莹闪烁的星辰,也是我们首先要教会自己孩子的一种生活习惯。应该这样说,父母对孩子的爱是需要得到精神和物质的回报的。一旦孩子懂得回报了,父母的爱才有积极的意义。那么,如何教育孩子学会感恩呢?

(1)教育孩子感恩,不要好高骛远。父母要教育孩子从小事做起。比如主动帮助老师擦黑板,对师长有礼貌,尊重老师;关心理解父母,从为父母分忧等不起眼的实在小事做起,着力培养孩子的感恩意识,培养家庭责任感。

聪明父母这样做

很多父母不需要孩子帮助自己做事，好像孩子获得书本上的知识，便是对父母付出的回报。当一个人无偿为另一个人付出时，这种特殊的爱极可能成为理所当然。如此，孩子感受恩德的神经就会麻木。

父母要将感恩习惯的养成教育渗透于日常生活之中，让孩子从小就浸润在感恩的环境里，真心感受，再通过父母的言传身教，使之耳濡目染，并内化于人格之中。要利用一切可以利用的契机对孩子进行教育，如：告诉他这件衣服是爸爸给你的，你要感谢爸爸；这本书是哥哥姐姐送你的，你要谢谢哥哥姐姐。时时言感谢，事事存感恩，与人交往不忘感谢，乐于助人，关爱他人，不管是家人团聚或是伙伴交往，不称王称霸，不以"我"为中心。说出自己最感谢的人或事，学会赞美人，缩短人与人之间的距离。与大家分享，彼此互动，来培养感恩之心。

父母也可以组织相关活动，让孩子在对比中感知幸福，学会感恩。可以带孩子到孤儿院或伤残医院参观，可以鼓励、组织他与贫困地区的孩子结对交友等，让孩子在对比中体会过去不懂、不在意也不珍惜的东西，改变他的冷漠，从而引发其慈悲心、惜福心、感恩心。

（2）不要对孩子千依百顺。一些父母对孩子的要求百依百顺，特别是在物质上的不断满足，结果过分的宠爱，无休止的满足，渐渐地使孩子养成了自私自利、任性乃至放荡不羁的个性，他们自负地认为自己无所不能。因此，培养孩子的感恩品质，就不能对他百依百顺，要让他们知道自己现有的一切，都是父母的劳动得来的。父母平时可以让孩子多做些力所能及的家务，也可以让他参与社区服务，感受为他人服务的快乐或让孩子体验父母的辛劳，使其更加珍惜家庭生活的幸福。

（3）父母要以身作则。一些孩子不知感恩，根本原因还是在家长，因为父母不会教，不愿意教，甚至觉得感恩教育多此一举。父母要想让孩子学会感恩，其榜样作用也是很重要的。有了优秀的感恩父母，才会有优秀的懂得感恩的孩子。在生活中，父亲与母亲既应各自承担家庭的责任和义务，又应共同分享家庭的利益。父母要"在乎"

家中每一个人，尊重他人的权益，关爱他人的需求。如父母应常说："行"、"谢谢"、"麻烦你"。孩子会在对父母的模仿中体会到一种感恩的思想。

感恩天下心，诚信天下行。感恩，是对生活的爱与希望。每个人都应该明白，生命体的各部分是相互依存的，每一样东西都依赖其他东西而存在。无论是父母的养育、师长的教诲、他人的服务、大自然的慷慨赐予等等，都值得孩子为此表示感恩。

一个人只有懂得感恩，才懂得去孝敬父母、去关心帮助他人；只有懂得感恩，才能学会严于律己、宽以待人。让孩子从今天开始，用言行感谢他周围的人吧，这样，才能培养孩子感恩的习惯，从而让他有一个卓越的人生。

2. 树立自信心

父母要看到孩子身上的优点和长处，并对此进行表扬，给孩子巨大的精神力量，让孩子有个自信的好心态。

"聪明"父母这样做

林涛今年7岁，有一次，邻居磊磊和他妈妈到林涛家里玩。磊磊从很小的时候就学习画画，还在市里的儿童画展上得过奖，于是，磊磊就在林涛家展示了自己的绘画才能。林涛的妈妈对磊磊赞不绝口，同时，她也没有忘记自己的孩子："磊磊展示了自己的绘画才艺，我们林涛也很能干，钢琴弹得可好了。来，儿子，给阿姨和磊磊演奏一曲怎么样？"

林涛看到磊磊这么优秀觉得非常自卑，而这时听到妈妈的鼓励和称

聪明父母这样做

赞,心里一下有了自信,开心地为大家演奏了一曲,听着妈妈和阿姨的称赞,看着磊磊崇拜的目光,他心里别提多高兴了。

> **点点评评:**
> 　　林涛的妈妈在称赞别人孩子的同时不忘在自己孩子身上找出优点,告诉他不比别人差,让林涛有了自信。

"糊涂"父母那样做

　　小东今年上小学二年级,学习成绩一直很好,也很听话,可父母对他却非常严厉,怕他骄傲,就算小东表现得再好也从不夸奖他。期末考试,小东考了100分,高兴地告诉了父母,期望得到他们的夸奖,可父母却说:"人家隔壁的小强考了双百,你才考了一个100分就了不起了啊?"小东感到非常沮丧。小东看到妈妈在做家务,就跑过去帮助妈妈扫地,他高兴地对妈妈说:"妈妈,看我把地扫得多干净。"本来是想妈妈夸自己几句,妈妈却生气地说:"你考试考个好成绩比什么都强,扫地这类的事情不用你做。"小东看自己费力没有讨到好,心情糟糕透了,从那以后,小东学习也没有从前上进了,也不再帮妈妈做家务事了,而且对什么事都不再像从前那样积极了。

> **点点评评:**
> 　　父母对小东的良好表现从不给予夸奖,这样做不仅起不到教育小东的作用,还极大地打击了他的积极性和热情,增添了他的自卑感和无能感,让他"每况愈下"。

父母指南

　　自信是一种修为,也是一种能力,它能让一个人充满能量,去迎接任何挑战和困难。历史上那些有名的科学家、发明家、政治家、艺术家，每一个都是自信满满的。所以美国著名思想家、诗人爱默生这样说过："自信是成功的第一秘诀。"

但是在现实生活中，很多孩子都表现出自信心上的不足，有些孩子甚至还非常自卑。一位幼儿园老师说，很多孩子连当众表演节目都不敢，这种情况是非常值得我们注意的，一个没有自信心的人，无论是在事业还是在其他方面，都会遇到很大的阻力，很难取得巨大的成功。所以，作为父母，从小就要培养孩子的自信心，让他们信心十足地去面对人生的机遇和挑战。

无论从哪方面说，自信心都是父母培养孩子的重点，必须加以重视。但是，培养孩子的自信心是一个长期的过程，父母应该注重细节，从小事着手，让孩子把自信心逐渐建立起来。

（1）多肯定孩子，不要经常否定和指责。一位美国心理学家到一所普通中学考察，一位班主任问他："先生，您能帮我挑出班里那些智力超常的学生吗？"

心理学家非常爽快地答应了，指着班里的一些学生说："你、你还有你……"那些被点到的学生从此受到了老师的关怀以及同学的羡慕，逐渐树立起自信心，学习成绩逐步提高，成为班里的佼佼者。

一年后，这位心理学家再次来到这个学校，问那位老师："我点到的那些孩子学习情况怎么样？"老师说："实在是好极了，不过您是怎么判断出他们智力超常的，能不能把这个秘诀告诉我呢？"

心理学家笑着说："我没有什么秘诀，只是随便点点而已。"

这就是心理学上著名的"罗森塔尔效应"。它向我们揭示出这样一个道理：多对一个孩子进行肯定的评价，有助于提高他的自信心，从而取得更大的进步。

孩子的年龄小，他对自己的评价往往来源于周围人对他的评价。如果周围的人给他的评价都是肯定的，他就感觉自己很棒，并且在生活中逐渐地建立起自信心来；如果周围的人给他的评价是否定的，他就会感觉自己一无是处，甚至会产生自暴自弃的想法。所以，父母在生活中要多肯定和鼓励孩子，让他们对自己充满信心。

（2）有意识地让孩子承担一些责任。孩子的年龄虽小，却也有一颗上进的心，也愿意承担一些责任。但是很多父母却认为他们年龄小、能力弱，就事事包办。这样做非常不好，一方面是限制了孩子动手能力的发展；另一方面会给孩子一个消极的暗示，他们会认为自己非常"无能"。所以，当孩子长到一定的年龄，父母可以有意识地让他们承担一些责任，如打扫房间、整理自己的床铺、制订节假日的活动计划等。这样会让孩子产生一种成就感，从而培养起他们的自信心。

（3）发现孩子的专长或者特别之处。心理学家研究发现，那些有特长的孩子因为常常受到别人的夸奖，更容易建立起自信心。所以，父母应该善于发现孩子的特别之处，并且加以指导和培养，让它们成为孩子的特长。但是很多父母都"以分数论成败"，如果孩子的学习成绩不好，其他方面的特长就统统都否定掉。这种做法是非常不正确的，这样做不光没有全面、客观地看待孩子，还容易让他们产生自卑心理。所以，父母应该发现并培养孩子的专长，多给他们积极、肯定的评价，从而让他们在生活中逐渐建立起自信心。

（4）给孩子成功的机会。孩子在学习、做事时只有不断地获得成功，他才会感觉到快乐，才会继续去努力，争取更好的成绩。因为成就感是每个人的正常心理需求，它对一个人继续努力攀登更高峰具有很大的促进作用。如果一个孩子在学习或做事时自始至终都不能获得成功，那么他就会觉得学习或做事是没有任何意义的，他无法从中得到快乐，也会放弃继续学习和做事的努力。

不管孩子有多大能力，不管他的年龄大小和能做什么事情，他都可以在学习和做事过程中通过努力获得成就感。只要是他今天取得的成绩比昨天稍好一些，只要他通过自己的努力获得了原来没有取得过的成绩，他就会有成就感。为此，父母要努力为他创造这样的机会，让他能持续地获得成就感。父母要在孩子原有水平的基础上每次稍微提高一点点目标和要求，而不要提出与原水平差距很大的要求。如果一下提出高出孩子实际水平很多的要求和目标，他付出很多努力也难以达到，就很容易产生挫败感，容易对完成目标和要求产生畏惧心理。

3. 不让嫉妒心困扰孩子

嫉妒心是一种不良的心理状态，那么孩子为什么也会产生嫉妒心理呢？那是孩子心中争强好胜的心理在作怪。争强好胜的情绪一旦太强烈，就会转变成嫉妒的心理。嫉妒心往往使孩子不能拥有健康的心态，身心得不到健康成长。所以，父母想让孩子健康快乐成长，一定要减少孩子的嫉妒心理，不让嫉妒心困扰孩子。

"聪明"父母这样做

蓉蓉今年上小学四年级了，学习成绩在班上总是第一名，从不要父母操心。但是有一点不好的地方就是嫉妒心太强。从幼儿园到现在，蓉蓉一直是班里的第一名，所以她总是成为同学们羡慕的对象。每当看到同学们投来羡慕的目光，蓉蓉就会有一种自豪感和满足感。

这一天，同桌可然穿了一条漂亮的黄色裙子，一下子引来了很多女生的关注，有的摸袖子，有的摸领口，眼里全是羡慕的表情，完全把蓉蓉晾在一边。看着大家那么羡慕可然的目光，而自己却被大家冷落在一旁，蓉蓉生气极了，心想，不就是一条裙子吗？我也可以有。

一连几天，蓉蓉都没有理可然，可然叫她也不应。几天之后，蓉蓉执意要妈妈去买可然穿的那条裙子，妈妈说："你已经有那么多裙子了呀！你不是不怎么穿裙子的吗。"无奈，蓉蓉只好把这件事情讲给妈妈听。妈妈听了之后才知道孩子是因为嫉妒别的女同学有漂亮的裙子吸引了别人的目光。

妈妈意识到事情的严重性，语重心长地跟蓉蓉讲："蓉蓉，你有好

聪明父母这样做

胜心妈妈支持你,但是你不能因为你的好胜心而去嫉妒同学呀,嫉妒对人是有危害的!"

接着,妈妈又将嫉妒心的危害列了三条讲给蓉蓉听:

(1)嫉妒别人而自己无法启齿,只能让自己默默地痛苦。

(2)好胜如果可以让自己进步那也无妨,但是光是嫉妒只能有损别人又提高不了自己,反而让自己成为一个不够道德的人。

(3)嫉妒是丑陋的,如果嫉妒心让人失去理智,就会干出许多害人的事情,这是会受到社会的谴责和法律的严惩的。

蓉蓉听了妈妈的话,就再也没有向妈妈要那条裙子,并且第二天就跟可然和好了,两人还成了好朋友。

点点评评:

看到别人比自己强,很多人都会觉得心里不平衡,蓉蓉也是。幸而妈妈及时发现了蓉蓉的嫉妒心理,并且向其列举了嫉妒心的各种危害,有效地制止了蓉蓉嫉妒心的发展。

"糊涂"父母那样做

芊芊和傲雪是邻居,并且两人是同一个学校同一个年级的同学,所以双方父母经常讨论孩子学习成绩的事。芊芊的父母只是无意中向傲雪的父母问问傲雪的学习情况,而傲雪的父母却非常喜欢打听芊芊的学习情况,当听到芊芊的考试分数没有傲雪高时,他们心里就非常高兴。而当有一次芊芊超过了傲雪的考试分数时,父母把傲雪狠狠地训斥了一顿,并且警告傲雪,下次考试只准比芊芊的分数高,不准低。可是连续几次芊芊都比傲雪考得高,这让傲雪的父母很生气。

这一次,芊芊的数学分数居然比傲雪高出了20分。回到家里,爸爸给了傲雪一记耳光,妈妈在一旁唠叨与训斥,让傲雪几乎想走上绝路。从此,傲雪开始对芊芊怀恨在心,只要在学校的光荣榜上看见芊芊的名字就对她恨之入骨,她不希望她的生活里有芊芊这个名字。

有一次，学校组织去旅游，傲雪偷偷地拿了妈妈的照相机，专门拍了些芊芊和男生说话、微笑、嬉戏的镜头，并且到照相馆把这些相片洗出来。等到傍晚放学，学生散去，傲雪趁没人，悄悄地把前几天拍的芊芊与男生在一起的照片贴在了布告栏上。

第二天，学校被这件事闹的轰动了，经老师一查，居然是傲雪干的。老师对傲雪失望极了，给予了傲雪相应的处罚。

点点评评：

> 傲雪此等举动，是嫉妒心驱使的，而傲雪的嫉妒心，又是被父母次次相逼的结果。父母不应该拿傲雪的考试成绩在某一个人身上进行比较，一旦比较失衡，就很容易让傲雪嫉妒那个人。正确的方法应该是要在傲雪自身的条件上作比较。

父母指南

嫉妒是一种低级情感，有嫉妒心的人，往往爱指责别人，或想办法让别人不如自己，而自己的能力却未见得能提高多少。

三国时期的东吴水军大都督周瑜因为嫉妒心太强而变得心胸狭隘，嫉妒诸葛亮的雄才伟略，又屡遭失败，最后怒气填胸，命丧黄泉，让人悲叹不已。

孩子的嫉妒心理可以从几个方面产生，比如学习、相貌、受到老师的表扬等方面，当孩子发现别人比自己优秀时，心中的不满如果不控制好，很可能会引起孩子的嫉妒心理。这种心理在孩子心中压抑久了是很不利的。长期的嫉妒心会使孩子的心胸变得狭隘、忧郁，甚至对别人产生仇恨而走上极端的道路。那么我们的父母应该怎样使自己的孩子远离嫉妒心理呢？

（1）培养孩子豁达的人生态度。可以给孩子讲述名人豁达的故事，并强化豁达的态度在人生中的意义。从小让孩子就懂得"天外有天，人外有人"，"强中自有强中手"的客观规律。拥有豁达态度的人，干什么事情都不会很痛苦，反而觉得很快乐。

（2）不要拿孩子和别人比较。有许多父母没有发现，父母越喜欢说某某好厉害，某某比你学习用功多了，孩子就会越讨厌父母所指的某某。当孩子对所指的某某讨厌到一定程度时，很可能就会产生嫉妒心理。若要孩子上进，可以用孩子的前一次和后一次进行比较。这样孩子有进步的欲望，也不会讨厌甚至嫉妒谁。

（3）鼓励孩子多去欣赏别人。一个懂得欣赏别人的人，会更容易发现别人的优点，也容易看到自己的缺点，从而通过扬长避短的方法来提升自己。懂得欣赏别人的人，也往往不会因为别人的一点成就而怀恨在心，而是将它看成是别人身上的一个优点，然后再吸取到自己身上来，让自己的能力更上一层楼。

（4）正确树立孩子的竞争意识。拥有嫉妒心的孩子，一般都有争强好胜的心理。争强好胜心理是一把双刃剑，它的正面是让孩子努力用实力去赢取对手，而负面就是让孩子拥有嫉妒心去破坏对手。父母应该给孩子树立正确的竞争意识，告诉孩子，只有用成绩与能力来赢得他人，那才是真正的赢家。

4. 做诚信的人

诚信是一种优秀的品质，它能让人充分获得别人的信任，从而更愿意和他人交往。在孩子小的时候，父母就要向他们灌输诚信的观念，培养他们诚信的好品质。

"聪明"父母这样做

曾子是孔子的得意门生，有一天，曾妻要上街买菜，小儿子哭闹着跟着要去。曾妻戏哄儿子说:"好宝宝,你乖乖在家等妈,妈买回菜来杀了咱家那口大肥猪,给你煮肉吃。"小儿子一听有肉吃,便答应不随母亲去了。

曾妻从街上回来,只见曾子正在准备杀猪呢,曾妻赶快制止曾子说:"我刚才是跟孩子说着玩的,不是真的要杀猪啊,你怎么当真了?"

曾子语重心长地对妻子说:"你要知道孩子是欺骗不得的。孩子小,什么都不懂,只会学父母的样子,听父母的教训。孩子的心如同一张白纸,你不该玷污这张白纸啊!今天你要是这样欺骗了孩子,孩子觉得母亲的话不可靠,以后你再讲什么话,他就不会相信了,对孩子进行教育也就困难了。你说这猪该不该杀呀?"

曾妻听了丈夫一席话,后悔自己不该和孩子开玩笑,更不该欺骗孩子。既然答应杀猪给孩子吃肉,就该说到做到,取信于孩子。于是她和丈夫一起动手磨刀杀猪,为孩子烧了一锅香喷喷的猪肉。孩子一边吃肉,一边向父母投去了信任和感激的目光。

父母的这种诚信行为直接感染了孩子。一天晚上,孩子刚睡下又突然起来,从枕头下拿起一把竹简向外跑。曾子问他去做什么,孩子回答:"我从朋友那里借书简时说好要今天还的。虽然现在很晚了,但再晚也要还给他,我不能言而无信呀!"曾子看着孩子跑出门,会心地笑了。

点点评评:

  曾子以身作则,从日常生活小事中对孩子讲诚信,说话算数,由此得到了孩子的信任,并让孩子在自己的影响下,也成为一个诚信的人。

"糊涂"父母那样做

小军向小明提出周末一起去爬山,小明高兴地同意了,两人还拉

聪明父母这样做

了勾。

到了周五，小军放学回到家，妈妈告诉他，这个周末他们一家人要去乡下奶奶家，小军当时就高兴地跳起来了，他早就想去奶奶家了。奶奶家门口有条小河，里边有好多鱼，到时就能和奶奶村里的小伙伴们一起到河里摸鱼了。

可就在这时，他猛然想起了和小明约好一起去爬山的事，一下就开心不起来了，妈妈看出了他的苦恼，就问他："孩子，怎么了？突然不开心了？告诉妈妈好吗？"

小军苦恼地对妈妈说："妈妈，我前几天已经和小明约好了周末一起去爬山了，如果不去，怕小明会不高兴，可我现在特别想去奶奶家，我怎么办呢？"

妈妈满不在乎地说："那就告诉小明不去爬山了，你要跟我们回老家，这也没什么啊。这周不去，下周再去不也一样吗？"

小军有些犹豫地说："可是我答应过他了，我们都拉过勾了。"

妈妈拍拍小军的小脑袋说："嗨，那有什么呀，这么点的小事，下周给他补上不就完了吗。"

小军听妈妈这样说，觉得也有道理，就告诉小明家里有事去不了了，然后就和妈妈高兴的回奶奶家了。

从那以后，小军和同学约好的事情就经常性的说话不算数，渐渐地养成了习惯，同学们知道他这个样子，再也不愿意相信他说过的话了。

点点评评：

妈妈用言语鼓励小军爽约，不信守自己的承诺，从这些小事开始，久而久之，养成了小军不讲诚信的品格。

父母指南

诚信，就是实事求是，讲究信用，它不光是中华民族的一种传统美德，更是现代人在社会活动中的一种无形资本，它对男人来说尤其重要，它能让男人表露出坦荡从容的气度，能获得更多别人的尊重和支持，从而获得更多成功的机会，所以，从小培养孩子诚信的好品格尤其重要。

那么，应该怎样来培养孩子诚信的品格呢？

（1）给孩子树立诚信的榜样。教育孩子讲诚信，父母自己首先要讲诚信。以诚信培养诚信，其道理是不言自明的。

"人无信不立"，为了培养孩子的诚信习惯，在日常生活中，父母对待孩子一定要诚信，不要说话不算话。孩子的模仿能力很强，很容易受到某种行为的暗示。如果父母言行不一，不履行承诺，孩子就会受到暗示，跟着模仿。

（2）对孩子进行诚信教育。诚信是人的立身之本，父母应该加强对孩子进行诚信品质的教育，从小就教育孩子守信用、负责任。告诉他，一个言而无信的人，是没有人愿意和他合作的。

父母要教育孩子答应别人的事一定要兑现，如果经过再三努力仍没有做到，就应该诚恳地向对方说明原因，并表示歉意。

诚信品质的教育必须从小时候培养，坚持不懈。父母可以在家里多讨论诚信的重要性，为保证使诚信成为孩子的一种优良品格，父母可以读一些强调诚信重要性的书籍，给孩子讲一些名人诚信正直的故事。让孩子明白诚信对一个人来说是非常重要的，不讲诚信会带来什么恶果，讲诚信会有什么收获。对一些不守诚信的人或事要进行严厉的批判。这样，孩子长大以后才能成为一个光明磊落的人。

（3）满足孩子的合理需要。孩子不诚信的行为大部分是出于某种需要，如果孩子合理的精神需要、物质需要没有得到满足，他必然会寻求满足需要的办法，如果父母对这种合理需要过分抑制，他就会换种方式，以某种不诚信的行为来满足自己的需要。

父母应该认真倾听孩子的心里话，而不要以成人的想法推测他的心理。当孩子向父母讲述了他的需求以后，父母应该跟他一起分析哪些是合理的，哪些是不合理的，然后及时满足他合理的需要，对于不合理的需要，则要跟他讲明道理。

如果孩子出现了不守诚信的行为，父母一定要及时指出来，严肃地向他讲明道理，并督促他认真履行自己的承诺。同时，父母还可以给孩子讲讲诚信在人际交往中的作用，让他懂得履行自己的诺言是多么重要。千万不要觉得孩子还小，或者觉得事情无关紧要就放纵他们的缺点，这样，他们就会不断强化不良行为，养成不良的习惯，进而影响人生。

（4）要相信孩子。我们经常会看到这样的父母：他们要求孩子吃完饭在房间里学习半小时，结果却每隔五分钟进去看一下他是否在偷懒；他们要求孩子去买件东西，也总担心他把多余的钱买零食吃。

父母的这些行为，往往会导致孩子用撒谎来对抗，而父母却认为自己的怀疑是有根据的，这就更加滋长了孩子的不诚信。

（5）父母要敢于承认错误。在现实生活中，许多父母都有可能不自觉地对孩子讲一些不诚实的话，或者讲过的话没有兑现。这时候，父母一定要放下架子，以平等的身份向孩子承认错误，这样反而会赢得孩子的信任。

5. 要有乐观的心态

乐观开朗不仅是一种优秀的性格特征，也是一种积极的生活态度，它能让孩子获得更多的快乐，也是他们取得成功的催化剂。

"聪明"父母这样做

徐争的爸爸是单位里的总工程师，他非常敬业，常常是很晚了还在画图、看书学习，而且一忙就到深夜；妈妈呢，忙完了家务就去看书。每天晚上，他们的家里总是很安静，年幼的争争每天目睹父母辛苦工作的身影，深受感染，每当父母静静地做自己事情的时候，他也会安静地看书学习。

争争爸爸的工作非常繁重，常常会为一张图纸的设计而彻夜难眠，常常会为一个技术的攻关而连续一两个月不能休息，家里所有的家务几乎都落在了妈妈一个人身上，不仅如此，她还要照顾丈夫、孩子，还要上班，但面对繁重的工作和家务，争争的父母从未有过任何抱怨，而是乐观地去面对每一件事情。他们面对困难时常说的一句话是"这没什么，我能够做好"，用他们的话说就是"忙碌而快乐着"。受父母的影响，争争也非常愉快地学习、参加课外活动小组、做好班干部的工作，他也喜欢在困难面前说"这没什么，我能够做好"。

点点评评：

争争的父母在工作和生活中以乐观的态度应对，让争争受到了相应的影响，培养了他乐观的精神。

"糊涂"父母那样做

文浩今年9岁，他的妈妈是个非常悲观的人，整天抱怨不断，每天早晨送他去学校上学，都要抱怨公交车不早点儿来；晚上看着孩子写作业到很晚，又抱怨老师留的作业太多；前几天学校要进行期中考试，文浩本来复习得不错，但是妈妈却说："这段时间看你没怎么复习，一定考不好了。"

在这样的耳濡目染下，文浩也变得非常悲观，学着妈妈的样子，整天唉声叹气，任何事情都不往好的方面想，面对困难时也只会退缩，觉得自己一定做不好。

点点评评：

文浩的妈妈对待生活非常悲观，把这种悲观的心态传染给了文浩，让文浩也以一种悲观的情绪对待学习和生活。

父母指南

一位教育专家曾经说过："乐观的父母才能培养出乐观的孩子。"孩子的可塑性强，好模仿，很容易受父母潜移默化的影响。父母要为孩子创造一个良好的心理环境，并注意自己的情绪、性格和为人处事，做到乐观豁达，不要让自己的坏情绪影响到孩子。

父母有乐观的思维方式，才能让孩子有乐观的心态，父母在日常生活中处理问题时的乐观态度，对孩子具有非常重要的示范作用。如果下雨了，父母不要说："这该死的天，又下雨了。"因为这样说并不能改变下雨的事实。如果父母这样说："太好了，又下雨了，我们可以欣赏雨景，还可以打着雨伞在雨中漫步了。"这样会把快乐传递给孩子，让他在面对问题时，都能保持一种愉悦的心情。

在家庭生活中，父母有时也会烦恼、生气和发怒，但是要尽量避开孩子，如果让孩子生活在压抑沉闷的氛围中，他的情绪就会受到影响。与孩子相处时，父母要以身作则，乐观一点，父母认为怎样做能令人快乐，就应该身体力行地去做，而且要向孩子解释为什么他们会感到快乐，用自己的乐观心态去感染孩子。

同时，父母要引导孩子正确地对待困难和挫折，让他做到任何情况下都能保持乐观的心态，奋发向上，争取人生每一次的成功。

有些孩子天生就非常悲观，但是父母不要着急，因为乐观是可以培养的，是可以通过后天的努力来实现的。要培养孩子乐观的心态，父母可以使用以下几种方法：

（1）营造和睦的家庭气氛。孩子从出生起，就开始受环境和周围人的影响，他们的乐观品质是通过后天学习获得的，所以，保持家庭生活的美满和谐有利于孩子乐观性格的形成。好的家庭氛围应该是这样的：

分享：父母不要什么事情都不告诉孩子，这样做孩子就会觉得自己游离于家庭之外，会有一种孤独感。父母如果在工作中遇到快乐的事情，也可以利用通俗的方式讲给孩子听，让孩子和自己一起分享快乐。

理智：父母不要随意向孩子宣泄不满和沮丧情绪，更不要随意流露茫然悲观之态，父母要注意情趣的陶冶和幽默感的培养，夫妻之间也要互敬互爱，遇事有商有量，不要把矛盾暴露在孩子面前。

（2）鼓励孩子多交朋友。不善交际的孩子大多都是性格比较内向的，因此他们经常会受到孤独的煎熬，享受不到友情的温暖。父母可以鼓励孩子多交些朋友，特别是同年龄的朋友，以防止孩子养成孤僻的性格。

父母也要为孩子创造与同龄人交往的机会，比如说经常带着孩子到邻居家里做客，邀请孩子的朋友来家里玩等，多带孩子参加一些他感兴趣的活动，让他和小伙伴们在游玩中获得乐趣。在活动和游戏中培养孩子乐观开朗的性格。

（3）引导孩子摆脱困境。就算是天性乐观的孩子也不可能事事都称心如意，但是他们大多都能很快从失意中重新奋起，并把这一时的不如意忘掉，父母在孩子很小的时候就要培养他应对困境的能力。如果孩子一时无法摆脱困境，父母就要教育孩子学会忍耐和随遇而安，或是在困境中寻找另外的精神寄托，比如参加运动、游戏、聊天等。

相关调查显示，生性开朗乐观的人一般身体都比较健康，患癌症的概率明显低于心态悲观抑郁的人，而且这些人的婚姻生活都较为美满，事业上也更容易获得成功。孩子在面对不可预知的未来时，心里多少会有一些惶恐，只要父母用乐观的心态去感染孩子，孩子就会对未来充满希望。

（4）不断丰富孩子的精神生活。每一位家长都应该养成给孩子讲故事的习惯，当孩子到了认字年龄时，就可以鼓励他们多阅读一些优秀的童话故事、科普读物、名人趣事等，这样不仅能够丰富孩子的情感，还能让孩子养成良好的阅读习惯。另外，还可以鼓励孩子结合阅读进行各种制作和表达活动，让他们从中体会到乐趣，培养他们乐观的性格。

儿童心理学家马丁·塞利格曼认为：乐观不但具有迷人的性格特征，还有更神奇的功能就是，它能使人对生活中的许多困难产生心理免疫力。乐观的孩子不易患忧郁症，他们也更容易成功，身体也比悲观的孩子更健康。

仔细观察身边的孩子，你就不难发现，凡是成功的孩子往往都有积极乐观的人生态度，凡是失败的孩子总是很悲观。之所以如此，是因为在遇到困难时，乐观的孩子总是能够比较客观地全面分析事情，从而一步步走向成功，创造一个又一个的人生奇迹。

6. 懂得谦虚

让孩子谦虚多一点，谨慎多一点，骄傲自大少一点，这样才能成长为一个真正自信、真正有出息的人。

"聪明"父母这样做

路涛今年13岁，上初中一年级，他的学习成绩非常好，在期末考试中考了年级第一名，这让他非常得意。每当有亲戚朋友来家里做客，他都要和对方说："叔叔，我考了年级第一名。"然后再享受对方的夸奖。

妈妈把这种情况都看在眼里，心想：孩子这么不谦虚，以后恐怕不会再进步了，这样下去，对孩子一点好处也没有。她想了想，就把孩子叫过来："儿子，你记得妈妈给你讲的《龟兔赛跑》的故事吗？"路涛说："当然记得了，我的记忆力是最好的，上次老师还夸我了呢。"说完又是一副得意扬扬的样子，妈妈说："那你给妈妈说一说，兔子为什么会输给乌龟呢？"路涛说："兔子骄傲了，在赛跑的时候睡觉了。"妈妈说："对，兔子因为骄傲了所以会输掉比赛，我希望我的儿子可不要向那只骄傲的兔子学习，也变得骄傲，那么，你也会退步的。"路涛听妈妈这样一说，一下子就意识到了自己的错误，惭愧地低下了头。他想了一会儿，红着脸对妈妈说："妈妈我知道错了，以后再也不会向大家炫耀自己的成绩了，我要向谦虚的乌龟学习。"妈妈听后，欣慰地笑了。

点点评评：

妈妈用《龟兔赛跑》的故事让路涛认识到了自己的错误，知道了骄傲的危害，懂得了谦虚的必要性。

"糊涂"父母那样做

小智从小到大父母都把他当作王子来养，什么事都会让着他，他有什么要求父母都会不遗余力地满足。

有一次，小智拿着自己的画跟别的小朋友的画比，不料因为谁画得好的问题和小朋友吵了起来。小智回到家气呼呼地问："妈妈，你说谁画的画最好？"妈妈故意说："当然是我家小智画的画最棒了，谁的画都比不上我家小智，我家小智的东西都是世界上最好的！"

就这样，小智现在上小学了，可是他孤高自傲的性格让大家都不喜欢，而且还经常和同学发生争执，学习成绩也很一般。老师让他向学习好的同学学习，他就非常不高兴地说："为什么要向他们学习，我比他们强多了，他们谁都不如我。"

点点评评：

小智的父母从小就告诉小智他做的永远是最好的，这让小智从小就非常自负，不会谦虚。在以后的生活和学习中，也总认为自己的是最好的，更不会向比自己优秀的人学习了。

父母指南

谦虚是一种积极有力的品格，它能让一个人在精神上、文化上或物质上不断提升和进步，所以，父母要从小培养孩子的谦虚品质，让他们戒骄戒躁，在谦虚中不断吸取知识，获得进步。那么父母应该如何培养孩子的谦虚品质呢？

（1）帮助孩子全面认识自己。

每个人都有优缺点，当孩子只看到自己的优点时，就很难做到谦虚。父母应该引导孩子真正认识自己，既看到自己的优点、长处，又要看到自己的缺点、弱点，特别要以严格的态度来要求自己，让孩子明白个体之间存在的差异性，优劣势也会在不同方面表现，只看到自己的优点就像蒙蔽一只眼睛一样，无法看到全貌。而且还会在自己蒙蔽自己的过程中，越走越远，最终完全迷失方向。只有正确对待自己，才能扬长避短，弥补自己的不足，更好地前进。

父母要告诉孩子，取得了一定的成绩，这确实是自己努力的结果，但是不要忘记这里也包含着父母的培养、老师的教诲和同学的帮助。自己的成绩也包含着大家的努力，不能全记在自己一个人的身上。

（2）表扬孩子要适度。

父母在教育孩子时，鼓励和肯定是不可缺少的。但是，鼓励和赏识的标准，一定要做到两点：一是实事求是，二是要看孩子的需要。任何一种教育方式如果用对了对象和时机，一定会起好的作用，否则，可能会给孩子的成长留下隐患。有的父母望子成龙心切，孩子稍微有点进步就欣喜若狂，赞不绝口，久而久之，必然助长孩子的自满情绪。在表扬孩子时，高度重视感情的作用，尽量做到"浓淡"适度。有时对孩子轻轻的一个微笑，也会起到许多赞美之词难以起到的作用。并且，父母应尽量少在外人面前夸奖孩子，因为小孩子的自我评价能力还很差，看到那么多人肯定自己，会产生错误的认识，认为自己真的多么优秀，从而产生自负情绪。

（3）父母要亲力亲为，作好孩子的榜样。

父母要有谦虚的态度，因为孩子非常容易受父母言行的感染，所以，想要让孩子谦虚，父母就要以身作则，父母要用自己的言行影响孩子，千万不能有骄傲自满的表现。当父母与孩子的意见产生矛盾时，父母要谦虚地询问孩子理由，问他们"为什么"，听到解释后再述说一下自己的理由，让孩子心服口服地听从父母的安排。

（4）用故事启发孩子要谦虚。

经常给孩子讲一些优秀人物的谦虚故事，尤其是身边同年龄段其他孩子优秀的谦虚事迹，这对孩子更具有激励作用。讲完故事，父母还要启发一下孩子，让他从中学到东西。比如，父母可以告诉孩子："很多事物的优越性都是相对的，我们所拥有的太少了，所以，我们必须谦虚。"

谦虚，不仅是一种良好的学习态度，更是为人处世的必要准则。谦虚的人才能得到别人的尊敬和赞扬，才能取得更大的进步；而骄傲狂妄的人则会不思进取，这样的人只会遭人厌恶。作为父母，让孩子从小养成谦虚的好品质，无论是学习还是生活，都会使他们受益匪浅。

7. 学会坚强

坚强是一种优秀的品格，它能让孩子成为"顶天立地"的人，不再惧怕任何挫折。

"聪明"父母这样做

伟伟的感情非常脆弱，动不动就抹眼泪。有一次，爸爸和他一起玩乒乓球，可玩着玩着，他就哭了起来，弄得爸爸丈二和尚摸不着头脑。于是，爸爸觉得应该好好和他谈一谈。毕竟，一个孩子经常抹眼

聪明父母这样做

泪可不是一件光彩的事。

爸爸把孩子叫过来,问:"孩子,你不是一个斤斤计较的人,是吗?如果爸爸无意中伤害了你,你会原谅我吗?"伟伟渐渐止住了哭声,点点头。

爸爸将他搂在怀里,说:"我刚才哪儿做得不对?"

伟伟委屈地说:"你刚才说'真是个笨蛋!'"

爸爸笑着说:"如果爸爸伤害了你,那我现在向你认错。"接着,爸爸又问:"你知道男子汉最忌讳的是什么?"伟伟摇摇头。

爸爸说:"是眼泪!遇到一点儿小事就哭,不但解决不了问题,还会给人一种很无能的感觉。如果你再继续哭下去,今后没有人愿意与你合作,你将来也办不成大事,成不了大器!知道吗?"伟伟点点头。

爸爸告诉伟伟:"如果你感觉委屈,就说出来,不要闷在心里。如果你觉得别人说得不对,就用自己的行动去争取,去获得别人的尊重。记住,哭是不能解决任何问题的!"

从那以后,伟伟果然很少哭了。现在,这个小男子汉也越来越坚强了。

> **点点评评:**
> 爱哭的孩子,往往是遇到事情不知该如何处理,才以"哭"声求救。伟伟的爸爸引导伟伟把心里的所感、所想说出来,这样别人才会明白。同时就事论事地为伟伟讲解处理问题的方法,当伟伟以后再遇到类似情况时,就知道自己该如何去做了,也会变得越来越坚强。

"糊涂"父母那样做

妈妈在看电视,两岁的儿子亮亮一个人在地上玩,一不小心,亮亮绊在了一个玩具上,摔倒了,妈妈连忙跑过去,一边扶起哭泣的孩子,一边拿起玩具摔打,嘴里念着:"妈妈打它,把我的宝宝绊倒了,真可恶。宝宝不哭了啊……"

后来,亮亮上幼儿园后性格就非常懦弱,常常掉眼泪,有时小朋友打闹时不小心碰了他一下,他就哭个没完,妈妈对此非常苦恼。本来以为随着孩子年龄的增长,会慢慢好起来,但是却恰恰相反,上了小学后,哭闹的次数有增无减,有时同学一句无心的话,也能让他哭半天。

点点评评:

亮亮的妈妈在亮亮小的时候就做错了,当他跌倒时,立刻去扶起他,还替亮亮埋怨玩具几声,这样就养成了孩子懦弱的性格。

父母指南

坚强是一种可贵的品质,它能让一个人不畏困难,在任何艰难险阻下都不低头,并且取得最后的胜利,可以说,坚强是一个人取得成功不可或缺的品质。著名思想家伏尔泰说过:"伟大的事业需要始终不渝的坚强意志。"著名科学家爱因斯坦也曾经说过:"有百折不挠的信念所支持的人的意志,比那些似乎是无敌的物质力量有更强大的威力。"

对于孩子来说,坚强的品质是必不可少的,因为他们长大后要承担更多的责任,如果他们非常脆弱并且一点抗挫折能力都没有,就不能承担这些责任,也不会成为顶天立地的人。

那么父母应该具体怎样做才能培养孩子的坚强品质呢?

(1)故意设置困难,培养孩子的抗挫折能力。任何人在成长的过程中,都要经历无数的挫折——没有困难的人生是不完美的。如果你的孩子从小事事都顺心,那么当他长大成人后,一旦遇到真正的困难,就会束手无策。所以父母在孩子成长的过程中,应有意识地多创设一些挫折,以培养孩子应对挫折的能力,从而更好地解决问题,最终冲破层层阻碍，获取人生的胜利。

在日常生活中，父母可以根据现实环境为孩子设置一些困难。比如说，孩子在做作业时遇到了困难，你不要急着告诉他答案，而应该鼓励他独立思考，独立解决问题；比如你的孩子要一件礼物，你可以故意拖延几天；比如孩子喊饿了，你可以故意晚一些时间开饭，让他理解做饭的辛苦等。总之，父母在孩子遇到障碍时，适时地加以指导和启发就可以了。

需要注意的是，为孩子设置困难和挫折时，父母必须结合孩子具体的年龄进行，如果难度太大，容易造成失败，多次失败后，则会引起孩子的挫败心理。

（2）弄清孩子哭泣的原因，引导他"化眼泪为行动"。有一些孩子特别敏感，很容易受到大人焦虑、紧张、愤怒、忧郁等情绪的影响。所以，父母要控制好自己的情绪，不要对敏感的孩子瞪眼或做出失望的表情，更不要大声责骂，免得让他们变得更加敏感。当孩子哭泣时，父母可以采取温和、幽默的态度，首先弄清楚他们哭泣的原因，再采取措施使其停止哭泣。

另外，父母还要和孩子多沟通，了解他们的想法和需求。通过沟通，还可以培养孩子活泼、开朗的性格，让他们慢慢学会用语言表达自己的要求和愿望。

如果你的孩子在明白事情的道理后，还出现哭泣的现象，最好用鼓励的方法，比如，"孩子，你已经长大了，不应该再哭了"等，这样就会使他们那种强烈的情绪变得平缓。他安静下来后，你再讲什么也就容易听进去了。

（3）为孩子树立正面形象，引导他们去模仿。

一位父亲这样讲述自己的经历：

以前，我的儿子比邻居家的小女孩还能哭。为了让他变得坚强一些，我开始有意无意地引导他，并买回了一本书《尼克松——世界大人物丛书》，每天晚上抽出10分钟的时间，念一个故事给儿子听。

尼克松的一生跌宕起伏、历尽艰险，但他却百折不挠，屡屡做出惊人之举，最终成为推动历史、改变国际关系的杰出政治家……这样一个坚强的英雄人物，非常适合做我儿子的偶像。

我坚持为儿子讲尼克松的故事。渐渐地，儿子对这位总统产生了兴趣，每天由被动听故事变为主动看书，看到精彩之处，他还会给我绘声绘色地讲上两句。让我感到高兴的是，儿子开始有意识地效仿这位偶像行事，也很少再哭了。

父母可以抓住孩子听故事、看书、看电视、看电影等机会，对他们进行教育，为他们树立一个正面的形象，并且暗中引导孩子去学习、模仿他们心中的主人公，以培养孩子坚强的品质。

聪明父母这样做

第三章
习惯篇："聪明"父母培养孩子的好习惯，"糊涂"父母纵容孩子的恶习

1. 纠正任性的习惯

随着经济的发展和家庭条件的改善，孩子们得到父母的娇宠越来越多，也正是在这些"娇宠"下，孩子们变得越来越任性。

生活中，很多任性的孩子，因为一些无理的要求让父母非常头疼。有的父母会采取将就孩子的方式，也有的父母会采取强硬的批评指责措施去对待孩子。其实这样的做法都是欠妥的。

"聪明"父母这样做

灵灵从小就很招人喜欢。她不仅学习好，还能歌善舞，并且还写得一手好字。在家里，她是骄傲的小公主，一会亲昵妈妈，一会跟爸爸撒娇；在学校，她是老师的得意门生，老师的赞扬，同学的敬佩，令她很满足。久而久之，集"万千宠爱"于一身的灵灵不小心就养成了任性的习惯。

这个星期天，灵灵和班上的几位同学商定好要去公园玩。大家都从大老远的家里赶到灵灵家集合。人都到齐了，灵灵却在房间里一直没有出来。过了一会儿，灵灵终于出来了，她不耐烦地对大家说："我今天找不到适合的衣服，不想去了，也没什么好玩的。我下个礼拜再去，你们去吧。"大家面面相觑，觉得灵灵这样做太让大家扫兴了。

　　灵灵的话被旁边的爸爸听到了。爸爸走过来，吩咐几位同学再等一会儿，然后把灵灵拉进屋里，认真地对灵灵说："同学们好不容易来到家里等你，而且大家都是满怀兴致的准备去公园，而你却突然任性地说不去，会不会让大家扫兴呢？并且大家都等你那么久了，没有谁说不去，就因为你不去而造成大家扫兴会不会觉得自己有点自私呢？如果她们换成你，你会怎么想呢？"听了爸爸的一番话，灵灵意识到自己错了，不好意思地低下了头。过了一会，灵灵换好衣服，和同学们一起出门了。

点点评评：
　　爸爸把灵灵任性带来的后果一一列举给灵灵听，让灵灵看到自己这样做对大家造成的伤害，并且告诉灵灵这样做只能让自己在别人心中留下不好的印象。爸爸还利用换位思考的方法，让灵灵认识到自己的错误。

"糊涂"父母那样做

　　六岁的琪琪现在正在医院进行抢救。在医院走廊上的奶奶一边抹着眼泪，一边责备着琪琪的妈妈。原来琪琪的妈妈一直在外地工作，琪琪从小跟就奶奶一起生活。这次十一放长假，妈妈回老家看望琪琪。几个月没见到琪琪的妈妈顿时母爱泛滥，不知道要怎样才能表达出自己对琪琪的这份爱。放假这几天，妈妈带琪琪走遍了家乡的大型商场，买昂贵衣服，买进口玩具，逛价格不菲的游乐场所。只要琪琪开口想去的地方，妈妈就去；只要琪琪要买的东西，妈妈就买。这让琪

聪明父母这样做

琪无比的满足，时不时地还向妈妈耍些小性子，妈妈都给予满足与包容。

这天，妈妈带琪琪去家乡的河边照相。本来在河岸边照几张相片就很漂亮了，可是琪琪非要和妈妈跑到河中央的沙滩上去。走到河中央的沙滩上，要经过一段水流湍急的路段。虽然那里的河水并不深，但水流很急，平时也不会有人到那上面玩，也只是有些渔民打鱼时才会挽起裤脚小心翼翼地走过去。妈妈说那里危险不想去，可不懂事的琪琪非常任性的闹着一定要去，不去就在那里哭。

妈妈一见琪琪的眼泪掉下来，就决定铤而走险，带灵灵闯那段危险地带。可不幸的是正当妈妈抱着琪琪走在那个水流很急的地方，脚一软，身体没稳住，两人一起被水冲到了下游。幸好那时河边有人，琪琪和妈妈才得以被救。

点点评评：

母爱泛滥的妈妈一而再再而三的答应琪琪的各种要求，让琪琪的任性得到滋长。最后因为妈妈的溺爱答应带琪琪铤而走险，便引来了事故的发生。妈妈爱琪琪，可以答应一些合理的要求，但是这种荒唐的要求，明明只是孩子一时任性的表现，妈妈是不应该将就的。

父母指南

著名教育家乌申斯基曾说："如果你养成了一个好的习惯，你将一辈子都享受不尽它的利息；如果你养成了一个坏习惯，你一辈子都偿还不尽它的债务。"因此，父母教育孩子，有必要培养孩子养成好习惯，矫正孩子的一些坏习惯。

大家都知道，儿童期的可塑性是非常强的，也是塑造和培养孩子的黄金时期，父母一定要正确对孩子进行引导并教育。在日常生活中，不管孩子在物质生活上还是精神生活上的需求，父母给予一定要合理。如果无条件的给予满足，这会让孩子觉得这是理所当然的，在这种情况下，必将导致孩子的任性。孩子一旦养成任性的习惯，任着自己的性子去办事，只会导致孩子不能友好的与他人相处与合作，这对孩子的未来是相当不利的。那么，父母该怎样应对孩子突如其来的任性呢？

（1）孩子任性也是一种心理需求的表现。当孩子任性的时候，父母切不可态度过急，严加指责或者打骂，这样只能导致孩子更加叛逆的心理。父母首先要搞清楚孩子任性的原因，在情感上可以表示适当的理解。但是在行为上，要有父母坚持的立场，见招拆招，让孩子适应控制自己的情感来改变自己的行为。

（2）转移注意力。孩子任性时，父母要善于转移孩子的注意力。比如孩子喜欢这个布娃娃而且要父母非买不可，这时候父母就可以让孩子看那个气球或者看那个彩灯来分散孩子的注意力，使他们渐渐忘记那个布娃娃。设法将孩子观察的一个事物移到另一个事物上，等到孩子情绪稳定后，再去教育孩子，会达到更好的效果。

（3）对于孩子的任性，也可以采用回避的方式。第二次世界大战期间的大英雄舒拉小时候也有过任性哭闹的毛病。一次他非要吃一种不能吃的东西，为此还大声哭闹。但是父母并没有哄他，而是各自走开，屋里只剩舒拉自己。过了一会儿，舒拉不再哭闹了，没有听众还哭给谁听？自觉没趣也就收场了。因此，暂时回避孩子一些任性无理的要求也是一个可行的办法。

（4）正常情况下来说，孩子的任性大多来源于不成熟的心智，年幼的孩子对事物的是非缺乏正确的判断力，多少有些任性的行为。此时父母就必须要有引导意识，纠正孩子这种错误的观念和做法。

聪明父母这样做

2. 养成珍惜时间的习惯

法国著名思想家伏尔泰，曾经给世人出了一个谜语："世界上哪样东西最长又最短，最快又最慢，最能分割又是最广大的，最不受重视又最值得惋惜的？没有它什么事都做不成，它使一切东西归于消灭，使一切伟大的东西生命不绝。"世人很快就把这个谜底解了出来，它就是时间。

从小，我们在父母与老师的教育下，懂得了时间的可贵，懂得了"一寸光阴一寸金，寸金难买寸光阴"的道理。时间是如此宝贵，父母要从小教育孩子养成珍惜时间的习惯。

"聪明"父母这样做

苏拉是一名小学二年级的学生，做事拖拖拉拉，做起作业来也是磨磨蹭蹭，桌上像摆摊儿似的。她一会看电视，一会又要跟爸爸说话，即使作业比较少也要做到很晚，这让妈妈非常生气。

有一天，妈妈终于想出一个办法，她和苏拉约定好，以后不管作业有多少，每天都要在一个小时内完成。于是，当苏拉开始写作业的时候，妈妈就在苏拉的旁边放上闹钟，并且定好时。等到闹钟一响，苏拉就要收笔了。刚开始，苏拉完全可以轻松地在一个小时内完成作业。有一天晚上，电视很好看，苏拉又开始磨蹭起来，一边看电视一边写作业。果然，当闹钟响过之后，苏拉的作业还没有完成。这时候，妈妈毫不犹豫地吩咐道："时间到了啊，不许做了，去睡觉。"

苏拉的作业明显没有做完，她望着妈妈，欲言又止，眼神里明显是想让妈妈留情，可妈妈依然毫不心软地说："一个小时候已经过去了，你要记住，一小时候后的时间是属于睡觉的时间，谁叫你刚才不好好珍惜时间，情愿让时间在没有作用的情况下一秒秒的流失掉。好了，不准写了！"

从那次以后，苏拉再也不敢磨蹭了，写作业的效率也明显加快了，并且还可以省出一部分时间来检查作业。

点点评评：

认认真真的珍惜每一分钟时间，结果苏拉写起作业来，效率提高了。苏拉的妈妈就是让孩子产生一种时间紧迫感，从而让孩子做事养成一种不拖沓的习惯。

"糊涂"父母那样做

念念是班上有名的"小磨蹭"，早上上学她总是最后一个进教室，晚上也总是最后一个离开教室，不管做什么事情，她的速度总是要落于人后。

其实念念这毛病也是妈妈疏忽养成的。

有一天早晨，念念要赶着上学，正大口大口地吃饭。这时候妈妈说："乖，宝贝儿，我们还有的是时间，慢点吃没有关系的。"念念听到妈妈这么说，于是吃饭吃得越来越慢，一会看下电视，一会玩下游戏，这顿饭吃了半个多小时。

吃完饭，念念开始换鞋换衣服。妈妈说："别急，慢点没有关系，把衣服鞋子穿好了再走。"于是念念梳头发、穿衣服、换鞋子又花了将近半个小时。

准备出门了，念念看了下手表，糟糕！再不快点就迟到了。她匆匆忙忙背起书包，让妈妈骑单车送她，妈妈说："好的，宝贝，不过没有关系，不着急，要是真迟到了，妈妈就打电话给老师说明原因，这样老师就不会批评你啦。"念念觉得言之有理，所以也就变得慢腾腾

聪明父母这样做

起来。

这天，念念上学果然迟到了，妈妈也打了电话给老师，老师也没有批评念念。于是，念念每天早上去学校都是如此磨蹭，她觉得反正妈妈不反对，而且迟到了妈妈就会打电话给老师，也不会受老师批评。

从那以后，念念做事情变得越来越磨蹭，不知不觉中浪费了很多时间。

点点评评：

妈妈一连串的"没关系"，模糊了念念心中迟到带来的严重后果。迟到后有妈妈圆场，念念不用承担任何责任和接受任何批评。因此，浪费时间成为一种习惯，这对念念的成长是非常不好的。

父母指南

爱迪生曾对助手说："人生太短暂了，要多想办法，用较少的时间办更多的事情。"时间对于每个人来说都是独一无二的，而成功人士，就是在有限的时间内做了一些有意义的事情，而失败的人就是在平平庸庸中把时间浪费掉。相对论的创立人爱因斯坦说过："人的差异在于业余时间。"因此，让孩子从小养成珍惜时间的观念，这将会使孩子受益终身！

时间对孩子来说是一个非常抽象的概念，怎么让孩子明白时间这个概念？父母不可能抓一把时间给孩子解释时间是什么，但是父母可以用钟表、日历甚至可以用孩子过去的作为来向孩子解释已经流逝掉的时间，并且告诉孩子，流逝的时间已成为过去，我们必须要更加珍惜把握现在的时间。

那么，父母该怎样让孩子养成珍惜时间的习惯呢？

（1）让孩子认识到时间的重要性。父母可以用纸写一句关于珍惜时间的名言，贴在孩子的房间里，或者孩子经常看得见的地方，来强化孩子心中对时间的概念。

（2）给孩子制定一个时间表。时间的快慢确实是一个模糊的概念，所以父母有必要为孩子制定一个时间表。比如，几点吃早餐、几点上学；晚上几点吃饭、几点写作业、几点看电视、几点睡觉，让孩子在实际生活中体会到时间是可以浪费和争取的。

（3）提高孩子的办事效率。早上按时起床，如果孩子磨蹭，那么到该上学的时间就出门，不管他有没有吃早饭或洗脸，直接送到学校去。多次以后，他就会明白没吃早饭肚子会饿，没洗脸就不好看。这样次数多了，自然而然，他就会抓紧时间了。

另外，有的孩子磨蹭的时候，很多父母开始喜欢不断催促，后来看催促没有效果，干脆帮孩子包办。其实这样只会让孩子变得更懒惰，甚至更加持有无所谓的态度。父母要想让孩子做事速度快，坚决要让孩子自己动手，并且鼓励孩子在最短的时间内完成，渐渐地让孩子把珍惜时间养成一种习惯。

3. 一定要有尊敬老人的习惯

1959年，毛主席回到了阔别多年的故乡。在家逗留时，他特地请家乡的老人吃饭。他向一位70多岁的老人敬酒时，那位老人说："主席敬酒，岂敢岂敢。"毛主席说："敬老尊贤，应该应该。"

是的，尊敬老人是中华民族的传统美德。老人，是我们的长辈，他们辛勤劳动了一辈子，为社会做出了一定的贡献，并在长期的实践中积累了丰富的知识和经验。所以，尊敬老人既是对老人的关心与照顾，又是继承前辈们的"财富"。父母一定要让孩子养成尊敬老人的习惯，这对他们的人生会有很多意想不到的好处。

聪明父母这样做

"聪明"父母这样做

晓晓有一个当过军人的爷爷。爷爷非常疼爱这个独苗孙女，每次有什么好吃的好玩的，第一个就会拿给晓晓，并且爷爷非常慈祥，对晓晓总是百依百顺，但是被爷爷惯坏了的晓晓经常变得不讲理。

有一次，晓晓在幼儿园跟伙伴吵架了，回到家后心情依然不好。她一边嘟着嘴巴，一边写作业。爷爷上前说她这样写作业不好，而且批评她的字写得东倒西歪，好像一个病人。晓晓听到爷爷这么说自己，更加生气了，她居然冲着爷爷说："你才是一个走路东倒西歪的病人呢，死老头子，你不用上班，也不用学习，肯定心情好了。"接着晓晓又连续叫了好几声死老头子，正好被在厨房的妈妈听见了，妈妈走出厨房，狠狠地瞪了晓晓一眼。

吃过晚饭，妈妈把晓晓叫进房间里，温和地对晓晓说："你知道爷爷以前是干什么的吗？"

"是军人。"

"知道军人是干什么的吗？"

晓晓摇了摇头，表示不知道。

妈妈抚摸着晓晓的头，轻轻地说："军人的职责是保卫国家。爷爷以前在战场上不怕牺牲，为保卫人民的安全付出了一生，是一个非常值得尊敬的英雄，知道吗？"

晓晓看着妈妈，认真地点了点头。

"你爷爷虽然没有读过多少书，但是爷爷那时候拼了命也要让你爸爸念书。因为爷爷一直觉得，一个好好读书的人以后才会更有出息，你看，爸爸现在不是工程师了吗？所以呀，爷爷叫你认真写字也是为你好啊，对不对呀？"

听完妈妈的这番话，晓晓目不转睛地看着妈妈，良久才说："妈妈……我想去跟爷爷道歉。"

看着晓晓能这样，妈妈欣慰地笑了："去吧，孩子。"

点点评评：

　　年幼的晓晓不懂事，不懂得尊敬自己的爷爷，但是经过妈妈一番苦口婆心的教育，最终认识到了自己的错误，并且主动提出向爷爷道歉，相信晓晓以后再也不会不尊敬爷爷了。

"糊涂"父母那样做

　　安妮的奶奶七十多岁了，身体不是特别健朗，却经常帮妈妈做许多家务事。可是妈妈却不怎么喜欢奶奶，经常在背后向隔壁的叔叔阿姨说奶奶的坏话。

　　有一天晚上，吃完晚饭，安妮一家人都在看电视。奶奶突然想起安妮有一件衣服破了很久没有补，于是从安妮的房间里找出那件衣服。爸爸在一旁说："妈，您就别操心了，衣服破了就丢了，到时候我们买就是了，更何况现在的小孩子也没几个穿破了的衣服。"

　　奶奶说："只是边缘那一道口子而已，缝好别人也看不出来。"

　　爸爸正要说什么，却被妈妈一把扯了过去，"管她呢，她愿意干就让她干吧。"

　　奶奶没有吭声，低头一针一线地为安妮缝好衣服。

　　幸而安妮说："奶奶，那件衣服我早就不穿啦，您就别为我缝了。"听了孙女的话，奶奶才没有继续缝。

　　没过多久，南方的姑姑来接奶奶。就在奶奶去姑姑家的这段时间里，有一天，妈妈感冒了，没有去上班。晚上，妈妈从床上爬起来，吃力的换煤气罐。

　　这时爸爸下班回来了，他连忙扶起妈妈："这种事你干不了，更何况你现在生病了。"

　　安妮在旁边写着作业，不以为然地说："管她呢，她愿意干就让她干呗。"

　　听到孩子这么说自己，妈妈伤心极了。

聪明父母这样做

点点评评：

安妮对妈妈说的这句话无非就是学妈妈之前对奶奶说的那句话。安妮今天对妈妈这样，都是妈妈自己酿成的苦果。

父母指南

在现实生活中，有很多父母缺乏对孩子尊老的教育，不仅对孩子不尊敬老人的行为放任不管，甚至自己也不尊重老人，歧视老人。假若父母从小不培养孩子养成尊敬老人的习惯，孩子长大了也很难有这种意识。一个不尊重老人的人不仅会受到别人的谴责，更会养成一种自私的心理，这对孩子的发展是相当不利的。每个人都会老，等年轻的父母老了以后，也很难指望已经长大成人的孩子会有多尊敬自己。

那么，父母想要孩子养成尊敬老人的好习惯，该怎么做呢？

（1）父母要给孩子做一个好榜样，让孩子爱爷爷奶奶姥姥姥爷。生活中，有很多父母不尊重老人，不关心老人，甚至虐待老人。很多孩子因受到父母这些不良行为的影响，也变得不喜欢老人，远离老人，甚至有的孩子在家里骂爷爷奶奶姥姥姥爷。所以，父母想要孩子有尊敬老人的美德，就必须以身作则。平时给予老人多一点的关心和照顾，多给予老人一些帮助和慰问。父母的行为会感染孩子的行为，孩子也会变的尊敬老人，关心老人。

（2）及时纠正孩子的不良行为。有的孩子在家里对爷爷奶奶姥姥姥爷呼来唤去，经常吆喝老人一会给他端个茶，一会给他倒个水，完全把老人视为佣人。有时候遇到不高兴的事情还会向老人大发脾气。这时候父母一定要制止孩子的这种行为，万不可让它延续下去，这样不仅是对老人的伤害，而且如果孩子的这种行为一直发展，他的思想道德标准就会被完全扭曲。

（3）遇到节日的时候，父母要利用这样的机会对孩子进行思想上的教导。比如老人的寿辰、重阳节，或者春节，每当碰到这样日子的前一天，父母都可以提醒孩子："明天是××节日，你应该干点什么才能使爷爷或者奶奶高兴呢？"在这种提示下，孩子就会高兴地说："给爷爷奶奶切蛋糕……""送爷爷奶奶礼物……""给爷爷奶奶拜年……"当然，如果孩子主动表现出尊敬老人的行为，父母一定要表扬，让他知道，这样做是对的。

（4）告诉孩子要多与老人交谈，不要嫌弃老人。老人的身上有着许多宝贵的人生经验，能与老人相处是做晚辈的福分。让孩子多与老人聊天，老人讲出来的道理和经验，必将能成为孩子生命中的一笔财富。

4. 养成阅读的习惯

父母要从生活中的各个方面培养孩子读书的好习惯，让孩子爱上读书，多长见识，为日后独立生活打下基础。

"聪明"父母这样做

小晨今年10岁，平时不是看科幻电影，就是看动画片，就是不爱读书，父母说了他多少次，他根本就不听。

后来小晨的爸爸仔细想了这个问题，找到了原因：由于自己和妻子工作忙，回到家忙完家务后就喜欢在沙发上躺着看会儿电视，从来都不看书，孩子受了父母的影响，也就不喜欢读书。

找到了原因，事情就好办了。爸爸和妈妈商量好，每天晚上吃完晚饭后，要拿出两个小时的时间读书。小晨看到父母都在看书，就情不自禁地到书架上去挑本书看，从那以后，每晚七点半到九点半的时间就是一家人的阅读时间。阅读时间结束后，他们还常常会在一起交流彼此阅读的体会和感受，三个人坐在一起，彼此聊一聊书的内容和自己的心得体会，从中得到了哪些收获。交流之后，他们常常会觉得自

聪明父母这样做

己的头脑中又增加了一些新的知识，视野也更加开阔了。这种在固定的时间里阅读的活动，成为他们家中的一个非常好的习惯。这个好习惯日久天长给了他们三人意想不到的收益，做教师的妈妈讲课水平日渐增长；做公司职员的爸爸工作能力得到了很大提高，不断升迁；小晨见多识广，成为同学中的"小博士"，经常受到老师的夸奖。有了爱读书的好习惯，小晨的学习成绩也随之提高了。

> **点点评评：**
>
> 小晨的父母每天晚上定出阅读时间，在这段时间里，全家人放下其他事情，投入地去读书。阅读后又进行交流，这种家庭的互动学习，让小晨慢慢热爱上读书，知识面越来越广，学习成绩也有了很大的进步。

"糊涂"父母那样做

林涛从上小学起就是一个成绩优异的学生，他在小学和初中的学习成绩总是名列前茅，后来顺利地考上了一所重点高中。他从小就非常喜欢读书，尤其喜欢看一些科普类的图书，可自从上了高中后，父母为了让他考上重点大学，就禁止他再看与学习无关的"闲书"了，甚至连电视都不让看，每天只能看教科书。就这样，林涛的知识就只局限于几本教科书，知识视野也非常狭窄，这在一定程度上影响了他的语文成绩，这让他非常苦恼。在课外与同学聊天的时候，他的话题也是少得可怜，别的同学谈到的很多事情他都不知道，这让他感到很自卑，成了一个名副其实的"书呆子"。

> **点点评评：**
>
> 林涛的父母不让孩子看课外读物，这样做不仅使孩子的学习成绩下降，还影响了智力的发展，间接地影响到他的人格等方面的发展。

父母指南

读书应该成为我们每天生活的必需行为，为了身体能健康成长我们每天都要吃饭，吸收物质营养，同样，为了精神能健康成长，我们也要每天摄入精神营养。阅读就是最重要的获取精神营养的途径。

在现代社会，孩子生长在一个电影明星、动画名人、偶像的社会环境中，当孩子们聚会时，他们谈的也是流行歌曲、游戏、球星、影星等，而很少谈一部好的文学作品或是一本名著，所以，这就要求父母要竭尽全力去鼓励孩子多读书。

那么，怎么做才能让孩子爱上读书呢？

（1）让孩子自己找到读书的乐趣。在孩子识字之前，给他们看一些有意思的图片，讲一些有趣的童话故事，既能提高孩子的表达能力，又能让孩子产生积极识字的念头。

孩子识字以后，给孩子推荐一些对他们来说有意思的读物，当孩子从书中找到乐趣后，他们就会爱上读书，愿意和书接触。他们读的书多了，心智也会越发成熟和坚强，慢慢就会有自己读书的愿望，这最能激发孩子的学习兴趣和学习潜力。

（2）在家中多准备一些适合孩子阅读的书。家里常备些书，可以让人无形中学到很多知识，这对自身有很大帮助，对孩子也是一样，如果父母每天闲暇时候总喜欢拿本书看看，孩子看到父母如此，一定会受到影响，也会主动到书房拿起书翻阅。为人父母，都想让自己的子女成绩优秀，那么一定要在家中备些书，而且是要适合孩子阅读的书，有时间多看看，这对教育子女有很大的帮助。

（3）多角度启发孩子多读书。孩子都喜欢听父母讲故事，把与习惯有关的故事或是名人逸事等搜集起来，讲给孩子听；年龄大的孩子可以让他自己去阅读。这种生动形象的教育方式比父母讲一篇大道理要管用得多。形式越是生动活泼，就越容易培养孩子的学习兴趣，越能够达到让他们热爱学习的目的。

社会就像是一个赛场，孩子们则是即将要上场参赛的选手，他

聪明父母这样做

们是否能够取得好的成绩，一个关键的因素就是：负责培养和教育孩子，陪着孩子学习、成长和发展的父母教练员，是否明确了孩子的学习目标，能否激发起孩子的读书兴趣，这是父母肩负的一种责任和义务。

5. 养成有计划消费的习惯

让孩子懂得为自己的"花销"负责，懂得在消费前预算，这是每位父母要教会孩子真正需要的东西。

"聪明"父母这样做

读初二的孟涛平时过惯了"衣来伸手，饭来张口"的生活，除了学习他几乎什么事情都不用操心，看着许多同学花钱大方的样子，孟涛也不时有了随意浪费的现象，不爱吃的馒头吃不完就要扔掉，练习本用了一半因为外皮脏了也扔掉，他想要什么东西，不管贵贱就张口跟父母要钱去买。为了让孩子改掉这个毛病，妈妈想出一个办法，让孩子当一个礼拜的家，让他掌管一次家里的花费。

妈妈首先让孟涛看了看他们家里最近几个月的花销账本，她对孟涛说："我们家每个月的日常总花销是1000元左右，不包括大笔开支。我给你300元，作为这一个礼拜的所有花费，由你来支配怎么花。这些钱比以前我们每周的平均消费要多一些，你一定不要让这个礼拜的开支超过这个数啊。而且，你还要负责家里的各种家务。"

孟涛满口答应下来，让他当家，让他掌管钱，想怎么花就怎么花，他觉得很新鲜，乐得直蹦。第一天，孟涛带上100元钱去超市采买一家人的吃喝。到了超市，在琳琅满目的食品货架前，孟涛心想：一定要让父母和自己吃好喝好了。他推着小货车自言自语着穿行于排排的货架前，看这苹果多水灵，一定很好吃，买一些；这葡萄也不错，爱吃葡萄的妈妈一定喜欢；诱人的彩椒、饱满的煮花生、活蹦乱跳的鲫鱼……不一会儿，孟涛就采购了一大堆食品。"够一家人吃喝一天了。"孟涛很有成就感地推着货车到了收银处。

一结算，"98元6角。"收银员平淡地说。"这么多啊？"孟涛惊呼，但他还是付了钱，这一大堆东西让孟涛这个近1米7的小伙子也差点提不动。他回到家后，妈妈看到他采买的这些食品，没有说话，她要让孟涛通过实践去体验。

第二天，孟涛又不知不觉采买了一大袋子的食品，花去了近70元，第三天仍是如此。他看着冰箱里满满的吃不完的水果、饮料，还有摆在桌上的零食，望着只剩70多元的余款，而爸爸今天还向这个当家的孩子说没有烟可抽了，要他去买。孟涛有点哭笑不得，他对爸爸说："你这个礼拜戒烟吧。"

爸爸直嘲笑他是"小气鬼"。这个礼拜才只过了三天，钱已经花了4/5了。看来，以后的几天里只能吃青菜馒头了，孟涛连周末去吃肯德基、旅游的计划也不得不取消，自己的练习本都快用完了也没舍得去买。此外，孟涛还要负责家里的洗衣、做饭、打扫卫生等任务，每天早起晚睡，忙得一点空闲都没有，又因为很多事情他做得不熟练，常常会丢三落四、拖泥带水，又不得不返工。刚干了两天，他就想撂挑子了，只是妈妈不同意，一定要让他做到底。好强的孟涛好歹坚持到了周末，他终于松了一口气。

虽然只是一周的时间，孟涛也切实尝到了当家的辛苦滋味。"唉，当家真是不容易！"孟涛感叹道。周末的时候，妈妈趁机给孩子讲了要勤俭节约、如何合理消费的道理。他切切实实地受到了一次勤俭节约、家务劳动的教育，这次当家的经历给他的感受和经验真是不浅。

聪明父母这样做

点点评评：

妈妈让孟涛当了一次家，给他一定限额的金钱，从实践中让他懂得有计划的消费，也懂得了节俭。

"糊涂"父母那样做

阳阳刚刚会说话的时候，别人问他："最爱看什么电视节目？"他会不假思索地回答："看广告！"阳阳喜欢那些跳动的画面，还学会了许多广告语言。

随着年龄的增长，阳阳就不只是看和学了，而是看见广告里有什么，就想要什么。妈妈经常和同事抱怨说："广告里面有什么，我们家阳阳就闹着要什么，孩子要什么我就得买什么。"当然，阳阳小的时候，他也不会有什么特别高的要求，顶多就是买点儿玩具。这样的要求，家长还是可以满足的。

但是，随着年龄的增长，阳阳的要求越来越高。这不，刚上初中没几天，就向家里人开出了一个消费清单：美国橡皮、日本书包、韩国运动鞋，还有一辆"前田"牌山地车……阳阳的父母粗粗一算，居然需要四五千元。

阳阳的父母虽然有能力购买这些东西，但是一想到孩子还这么小就如此"消费"，一下子心里凉了半截！

点点评评：

阳阳的父母在他很小的时候就对他有求必应，要什么就给买什么，这让阳阳在长大后也不会有计划地消费，这对他日后的健康成长非常不利。

父母指南

消费对孩子来说，不仅是单纯地满足吃、穿、用等基本的生活需要，还包含了他们在消费活动中获得基本的生活常识，以及通过自身的消费行为认识周围世界的作用。培养孩子养成良好的消费习惯是培养孩子具有理财意识的最重要一环，父母一定不能忽视这个重要的环节。

在我们身边，不乏这样的父母：他们虽不是"大款"，但他们的想法是："自己紧着点儿，也不能委屈了孩子，免得让别人瞧不起。"在这样的家庭中，只要孩子要钱，不论什么理由父母都尽量满足，不加以限制。结果，孩子超水平消费，不懂得什么叫来之不易。父母含辛茹苦培养了个"消费贵族"。面对这样的现实，越来越多的教育学家和社会学家开始呼吁，培养孩子从小养成科学合理的消费习惯已经成为现代家庭教育最重要的一个环节。在现代社会中，能不能合理地消费将直接影响到人一生的幸福。

对于孩子来说，学会合理消费，其意义不仅在于如何花钱本身，其中包含了多方面教育的内容和能力的培养。因此，培养孩子科学理财观，一定要引导孩子合理地消费。那么，怎样引导孩子合理消费呢？这需要我们从生活中的小事做起、从细节做起，一步步引导孩子树立科学的金钱观，帮助孩子形成合理的消费观念。

（1）消除孩子的攀比心理，为他建立良好的消费习惯。孩子的自控能力比较差，因此，他们中的大多数在消费时都有大手大脚、与人攀比的习惯。有这样一个故事：

因为孩子比较爱面子，所以在消费行为上存在着与人攀比的情况。这种心理会随着孩子年龄的增长而变得严重。当一个孩子有较重的攀比心理时，那么长大后，他的攀比方式就会升级，最终让家庭无法承受。因此，父母在满足孩子的欲望时切记不能过度。当孩子有了攀比的消费行为，父母可以让孩子把这些不良心理转变为学习上的竞争，从而端正孩子的态度。

聪明父母这样做

另外，要试着让孩子参与到父母辛苦工作的过程中，让孩子了解到父母艰难创业的历程，使之明白金钱来之不易，立足社会、学会生存很艰辛，最终建立自力更生、勤奋工作的好习惯，从小立下创业的志向和决心。

（2）通过日常购物引导孩子科学消费。父母要在日常购物中教导孩子理性消费。这里面有很多小技巧可以使用，我们先来看看下面这位母亲是怎么做的。

16岁单亲家庭的孩子马东想买一件名牌衬衣，大概需要近1000元。马东身边的几个朋友都买了这种衬衣，他也想要一件。马东想：自己16岁了还没有一件像样的衬衣呢！妈妈过去总在小摊上买减价的衬衣，自己已经是高中生了，一定要有穿得出去的衬衣。

马东回家后把自己的想法和妈妈说了，妈妈一听需要1000元钱，立刻反对。一见妈妈反对，马东非常不高兴，觉得妈妈不关心自己，和妈妈的关系变得很不好，甚至用不学习、不做作业来对抗。

无奈之下，马东的妈妈只得答应马东的要求。实际上，她已经另有打算：即使这件衬衣买了，也要让马东知道妈妈为他买这件衬衣有多么不容易。于是，她对马东说："我们每个月存200元钱，存4个月，到第5个月我就可以给你买了！"马东的妈妈想：也许只有这样，才能让马东理解我的苦衷，这也是一个教会马东合理消费的好方法。

当然，马东还是很高兴的，与妈妈的关系好了，学习又开始用心了。

然而，两个月后，马东看着每天精打细算的妈妈，就只为了给自己买件衬衣时，心里特别不舒服。终于有一天，马东对妈妈说："你不要存钱了，我现在不想要那件衬衣了，我看到一件80元的衬衣，也很不错，我要那件。"

我们不得不佩服马东妈妈的明智。其实只要我们多思考一下，还是可以用很多小技巧来引导孩子合理消费的，比如，买东西时多走几个地方，货比三家，告诉孩子无论买什么东西都不能大手大脚；逛商场时要和孩子说好：今天只能买一样东西，或者只能花多少钱，这样对孩子有所约束。父母还可以让孩子做一些力所能及的事情，如买菜、买日用品等，让他们切身了解家里的消费开支情况。

（3）让孩子学会预算的理财观念。在生活中，父母可以帮助孩子学会预算。例如在每次消费前，应该让孩子自己列出一个购物的预算清单，并帮助他分析其消费的合理性。这样，有助于孩子形成合理、节制的理性消费观念。

父母一定不要让孩子养成花钱无度的习惯。如果孩子有了这种倾向时，你就要采取"定时定量"给零花钱的策略，再不能随要随给了。

6. 养成讲卫生的习惯

卫生习惯是孩子生活习惯中极其重要的一部分，它关系到孩子生活的各个方面。孩子应该从小就养成讲卫生、爱清洁的良好习惯。

"聪明"父母这样做

小杰不爱洗手、洗澡，每次妈妈提出给他洗澡，他总是又哭又闹。这天，妈妈想了一个好主意，和他一起玩洗澡游戏。妈妈让小杰抱着小奥特曼，然后妈妈给小杰洗澡，让小杰给奥特曼洗。边洗边告诉他，洗完澡之后，奥特曼就会干干净净的，不会生病了，就可以去打坏人了。小杰一边洗澡一边听着妈妈的话，还不住地点头。

从那以后，小杰变得非常爱洗澡，讲卫生了，他每天晚上都跟在妈妈身后催妈妈："妈妈，我和奥特曼要洗澡了，然后去打坏人。"

点点评评：
妈妈利用游戏让孩子喜欢上洗澡，养成了讲卫生的好习惯。

聪明父母这样做

"糊涂"父母那样做

小泰的妈妈非常懒，很少收拾房间，家里总是乱糟糟的，电视上落满了灰，几个月不洗一次衣服，整天就是对打麻将感兴趣。小泰在妈妈的带领下，也一样的邋遢，衣服上经常是黑一块、灰一块，经常不洗脸就出去玩，更别提洗澡了，身上臭烘烘的，小朋友都不喜欢他。

> **点点评评：**
> 　　小泰的妈妈没有起到榜样的作用，自己不讲卫生，孩子自然不会讲卫生了。

父母指南

我们通常所说的卫生习惯，一般包括饮食、睡眠、休息、运动等方面。从小培养孩子这些方面的习惯，他会受益一辈子。要做到这一点，父母该怎么办呢？

（1）让孩子知道不讲卫生的后果。碰到肚子疼（不管是自己疼还是看见别人疼）的时候，这是最好的教育机会；孩子小的时候还要告诉他，老师和其他的小朋友还是喜欢和干净的小朋友在一起；还可以反过来举例，如果家里也不打扫卫生，吃完饭锅碗也不刷，到处都是脏的，天气暖和又会有虫子、蚊子、苍蝇什么的，大家谁也不愿意回家了，就没有地方住。

（2）让清洁游戏化。洗澡时，可以在孩子的澡盆中放一些漂浮的玩具等等。

一位妈妈每次都会和孩子一起刷牙，经常在一旁告诉他："牙齿也需要洗澡，这样它们就能和你的小脸一样白净了！"

（3）教给孩子清洁的方法。妈妈要为孩子准备好肥皂、擦手毛巾，放在他容易拿取的地方。教他洗手时要把袖子挽起，以免把衣服弄湿，并告诉孩子手心耳背都要洗，还要耐心地给孩子做示范。

当然，给孩子清洁时应避免把水或肥皂弄到他的眼、鼻中，以免使他对清洁产生恐惧或反感。

（4）培养孩子的公共卫生意识。培养孩子的公共卫生意识，培养孩子的公德心也很重要。父母可以告诉孩子，环境卫生了，大家才能真正地健康，健康了才能做自己想做的事。

带孩子去外面游玩，吃东西以后可以把包装纸给他，叫他扔到垃圾筒里。告诉他这样做一方面是保护环境，一方面是养成遵守社会公德的好习惯。这样孩子就会慢慢地知道，乱扔垃圾是不讲公德的行为。他的个人素养也会在无形中提高。

（5）身教比什么都重要。孩子总是以父母为榜样，即所谓的上行下效。父母自己饭前不洗手，又怎能叫孩子洗手才吃饭呢？因此，父母应当以身作则，不但给孩子以良好的照顾，而且要培养孩子养成讲卫生的良好习惯，如爱整齐清洁、饭前便后洗手等等。孩子做得好就予以鼓励，做得不好就予以处罚，时间长了，良好的卫生习惯自然就建立起来了。

第四章

益智篇："聪明"父母培养有创造力的孩子，"糊涂"父母教出听话的孩子

1. 让幼小的心灵长上智慧的眼睛

智慧，是人们生活实际的基础，是对事物能迅速、灵活、正确地理解和处理的能力。发掘孩子已经存在但尚未被认知的事物或其本质、规律的能力，这样可以使他们迅速地发现事物面临的问题，并正确地理解和解决。

"聪明"父母这样做

扬扬上历史课又开小差了。老师叫扬扬起来回答问题，扬扬红着脸却一脸茫然地看着老师，一句也答不上来。

扬扬妈妈那天正好有事给老师打电话，老师就把上课时扬扬注意力不集中的情况跟妈妈说了，并说这样下去会影响学习。妈妈答应老师好好跟扬扬谈一谈。

晚饭后，妈妈问："扬扬，你上课是不是老走神啊？"

扬扬不高兴地说："是老师告我的状了吧？"

妈妈说:"老师也是为你好啊。你不能好好听课,能告诉我你在想什么吗?"

扬扬想了想,说:"今天历史课老师讲农民起义军最后失败的事,我就想如果他们不失败,而把当时的朝代推翻了,历史上会不会又多了一个朝代?"

妈妈笑笑说:"扬扬的想象力很丰富嘛。你可以把你的想法告诉老师,让老师组织大家讨论啊。"

扬扬说:"老师和同学会笑话我的。"

妈妈鼓励扬扬:"为什么呢?也许他们会很高兴参与,而且也能使课堂气氛更加活跃,让每个同学都参与进来。"

最后,妈妈告诉扬扬:"如果有想法的时候,可以把这想法记下来,当有疑问的时候要及时问老师,也许你想法的答案就在老师后面讲的内容里,你一走神,后面的内容就听不到了。"扬扬点了点头。

第二天,妈妈跟老师做了交流。老师才知道原来扬扬上课走神是因为自己讲的内容在扬扬的脑子里展开了丰富的想象画面。再上历史课时,老师讲完一段后,就让每个同学都发挥想象力,提出自己的想法,然后从中选出几个有代表性的问题全班讨论。从此,每个同学都爱上历史课了,课堂气氛也非常好。

点点评评:

扬扬妈妈知道扬扬上课走神,没有粗暴地批评孩子,而是和蔼地询问原因,使孩子很自然地告诉家长事情的原委。妈妈在与孩子的沟通中,教给孩子应该怎么做,使孩子能正确认识错误,改正错误。

"糊涂"父母那样做

爸爸给慧慧报了一个美术培训班。但是这个星期五,爸爸拿着慧慧

聪明父母这样做

近期画的画，带着慧慧来到了教慧慧画画的李老师那里。爸爸一进门就拉下脸，把慧慧画的画儿一股脑儿的扔在了老师的办公桌上，很不礼貌地对老师说："李老师，我之所以让我的女儿来你这里学画，是因为听说你不仅画儿画得好，而且传授很有方法。但是我现在非常失望，我的女儿来你这里学习新的知识，可学了好长一段时间，却什么也没学到，她以前在家里画花和房子，现在在你这里学了这么久还是画花和房子！"

李老师听后非常伤心，对爸爸说："我教孩子画画，首先不会教她画太多东西，而是让她学会感知。"

"感知有什么用，画不出画儿来能有什么用，我要她成为一个画家，而你却总是让她画些以前会画的花和房子，你这是什么意思？"

李老师听了更伤心了，他拿起慧慧现在的画儿和以前的画儿，问爸爸，"你有仔细看过慧慧以前和现在画的花和房子吗？以前她画的只是一些程式化的符号，既没有感知，也没有思考，更没有创造，而今天画的花和房子已经完全不一样了。她今天的绘画，已经是一个能表达情节和思维过程的手段了，这说明孩子的心灵被激活了，孩子的心灵现在长了一双眼睛。绘画并不是你想象的能画的物体多才是最好的境界，而是要把画画活了，培养孩子心灵的眼睛才是最重要的。"

李老师的一番话，把爸爸说得非常惭愧。爸爸觉得是自己错怪老师了，连忙向李老师赔礼道歉。

点点评评：

从李老师的话中，我们可以明白，绘画可以激活孩子的心灵，更能让孩子的心灵长上一双智慧的眼睛。

父母指南

在美术教育圈有一句这样的话：知识教育、技术教育在教育中都是次要的，相比之下最重要的是人体教育、根基教育和素质教育。

让孩子学画画，西方国家的父母很少抱有功利目的，这是一种值得中国父母学习的好现象。西方国家的父母让孩子学画画，是让孩子在画画中得到精神享受，让孩子在绘画中受到艺术的熏陶，从而让孩子的心灵上长上一双智慧而美丽的眼睛。遗憾的是，中国的许多父母认为，既然孩子没有画画的天分，还不如在其他方面多花一些时间进行学习和发展。其实即使想让孩子有所发展，智慧型的人才并不是让孩子无限制的学习知识，一个人能掌握的知识是有限的。如果将孩子身上的知识比作叶，那么孩子心灵中的世界就是枝。因此，作为父母，又何苦死死盯着孩子身上的叶，而放弃孩子身上的枝呢？

著名儿童画家李跃儿老师认为，培养孩子美术能力，并不是单纯教孩子画画的本领，而是要更好地培养孩子感受力的思想。其实这种感受力的思想并不只利于学美术的孩子，同样也适合在其他方面发展的孩子的教育。

其次，孩子在绘画时，需要寻找绘画的工具和素材。在绘画过程中孩子需要构思、构图、造型、涂色、修整等许多过程，这都需要自己独立完成并且永远不能和其他人一样，这有利于培养他们的创新精神。从某种意义上来讲，在独立思考与独立工作的训练上，没有任何一种活动能与画画相比。

最后，画画的孩子是有一双善于发现美的眼睛。都说画家的眼里凝聚着很多充满诗意的画面。画画孩子的观察能力往往比别人来得更加敏锐，她们在生活中很容易发现别人发现不了的诗意和美，从而更能丰沛孩子内心的情感，为孩子增加一份底蕴。

因此，从任何一个角度，让孩子适当的学习绘画，对孩子都是有益处的。

聪明父母这样做

2. 我有一双想象的翅膀

每一个天真的心灵都有一个完美的未待开发的小脑袋。正是因为孩子们的天真无邪，他们的思维还没有被一些规律性的东西束缚，有时他们的想象与创意都会引人发笑，甚至是不可思议的。但是在父母笑过之后请注意，任何创意的东西在出现之前，都是来自于毫无规律、毫无边际的想象！所以，当我们的孩子在他们未知的世界里，有时候却是在想象大人们未知的事情。

"聪明"父母这样做

在美国俄亥俄州一个名叫沃帕科内塔的小镇，有一对年轻的父母正在厨房准备晚饭，不料被外面"噗"的一声打断了。母亲匆忙地跑出去，原来是他们最乖巧的女儿从凳子上摔了下来。

母亲心疼地抱起女儿，厉声道："你为什么要站在凳子上去呢？你不知道这是很危险的吗？"

女儿看着天空委屈地说："妈妈，我想摘天上的月亮。"

母亲看着摔倒的凳子，听着女儿这种幼稚的想法有点生气。这时候，爸爸过来了，他一边搂住女儿，一边说："当然可以去摘，但是希望你长大了以后可以登到月亮上面去，好吗？"

女儿望了望天上的月亮，高兴地说："好。"

点点评评：
这位父亲是聪明的，他保护了孩子的想象力！

"糊涂"父母那样做

小芹的妈妈是一位小学老师，所以平常对小芹的学习要求很严。小芹却是一个很不听话的孩子，考试成绩总是不理想，就连妈妈的同事们都说小芹是个怪学生。原来她总是在课堂上提出一些奇怪的问题，令老师无奈，令同学们嘲笑，这让小芹的妈妈在学校里很没面子。

冬天里的一天，妈妈叫小芹出去晒太阳，小芹连忙说是被太阳晒。妈妈立刻指责这是错误的说法，便又指着雪地里的雪化了是什么？因为妈妈的严肃，小芹怕答错，想了很久才说，雪化了是春天。

不料这个答案刚说出口，就被妈妈批评道，雪融化了是水，而不是春天。小芹心里觉得很委屈，因为不仅学校的老师经常说她说出来的事物是错的，就连妈妈每次都要说自己是错的。从那时开始，小芹慢慢变得沉默和胆怯起来，因为她脑袋里想到的事物一旦说出来都是得不到认可的，而且她一概认定，老师和妈妈说的就是对的。

点点评评：

小芹的说法虽然不是按常理出牌，但也是有一定道理的。人们确实被太阳晒着，雪融化过后必然是春天。从这点上，其实我们可以看出小芹有丰富的想象力，而妈妈严肃的批评，如一把坚硬的锉刀，毫不留情地磨掉了小芹的想象力。

父母指南

曾有一则新闻报道：教育进展国际评估组织对全球21个国家进行调查显示，中国孩子的计算能力排名世界第一，想象力却排名倒数第一。

聪明父母这样做

这是一个令中国人震惊的结果，更是值得我们深思的结果。难道是我们孩子的想象力真的差吗？答案当然是不！关键在于我们父母是怎样对待自己孩子的。在生活中，有很多中国孩子的想象力被父母的教育方式悄然扼杀了，他们觉得孩子想象的东西都是无稽之谈。因此采取直接斩断孩子想法的做法，直接给孩子套上一个框架，这样就导致孩子行程的框架思维，想象力的翅膀自然受到抨击！

爱因斯坦就曾说："想象力比知识更重要，因为知识是有限的，而想象力概括着世界上的一切并推动着进步。"想象才是知识进化的源泉。是的，一个家长不要随便去打击孩子想出来的事物，更不要直接去对其的想法表示否定。想要孩子更出色，那么我们的父母应该怎样对待孩子的想象力和培养孩子的想象力呢？

（1）当孩子说出一些不符合常规的事情甚至看起来荒唐的话时，千万不能去斥责孩子，并且当场给予否决的态度。父母要做的是，把孩子的话听完，并细心地问孩子为什么会这样，进一步了解孩子的想法，对孩子进行引导并更深一步的扩展话题。当孩子说出一些不合实际甚至有些荒唐的话时，千万不要去笑话或斥责孩子，父母应该很认真地听孩子说完，了解孩子说出这种话的想法，还可趁机引导孩子更进一步地拓展话题，延伸想象。

（2）当孩子做出与众不同的行动，不要以大人的标准来衡量、制止孩子。同样应该听听孩子的想法，然后悄悄地关注其下一步的行动，再具体情况具体对待。

（3）耐心对待孩子宝贵的好奇心。好奇的孩子思维一般都处于活跃状态，父母应该珍惜才对。对于孩子因好奇而提出的各种各样甚至是稀奇古怪的问题时，父母需要耐心解答，即使是无厘头的问题，也要以温和的方式对待，这样才能促进孩子想象力的增长。

3. 找到施展才华的空间

如果一个孩子从小就表现出某种天分，而父母并没有给予其发展的舞台，那么这种天分也会慢慢变成平庸。一个儿童专家曾说："给孩子一个自由施展的空间，比任何费尽心机的'发掘'来的更有意义。"也就是说，如果一个孩子从小就看出具备某种天分，而又被父母发现了，并且给其搭建一个能施展其才华的舞台，那么这个孩子必定能从中获得很大的鼓舞和动力。

"聪明"父母这样做

著名艺人徐静蕾，不仅戏演得棒，还是中国最年轻的美女导演之一，而且她还能写一手漂亮的毛笔字。她的字骨骼清秀、遒劲有力，清冽而又优雅、从容，令人赏心悦目。徐静蕾的书法能有这么深的造诣，她说那是归功于父母从小的培养。

徐静蕾很喜欢书法，二三岁的时候，爸爸教她用铅笔写，但徐静蕾就是喜欢用毛笔写字，而且写得有模有样。父亲并没有阻止，而是由着她发展，还经常为她跑文具店买笔墨。徐静蕾这一练，就练了十几年。

父亲是做广告行业的，碰到一些户外广告，经常会请名人题字，比如"××大厦""××大楼"之类。但是，题这样的字往往要花不少钱，很多客户又希望用最少的钱办最好的事。有一次，徐静蕾正在练习书法，爸爸灵机一动，孩子的字写得那么好，如果用她的字，说不定客户会满意，还会给静蕾练习书法带来一些动力。

当父亲拿着孩子写的字给客户看过后，客户非常满意，并夸赞这些

聪明父母这样做

字写得刚劲有力,没有三四十年的功底是写不出来的。父亲又惊讶又自豪,那年徐静蕾才13岁。

从此,只要有题字的,父亲都叫徐静蕾来写,徐静蕾看着自己的字能上广告牌,心中别提有多高兴了,练起字越来越用心了。

> **点点评评:**
> 父亲让小静蕾为广告牌题字,等于给了她展示自己书法的才华,这给她带来了无限的信心与动力。

"糊涂"父母那样做

欣欣的父母离异了,欣欣跟着妈妈一起生活。欣欣的爸爸是中学的美术老师,所以欣欣遗传了爸爸的基因,从小很喜欢拿颜料笔在纸上乱涂乱画,画的东西也是人们从来没见过的。那时候爸爸经常给她去买彩笔和纸张,让欣欣的画画"才能"尽情"施展"。现在不与爸爸一起生活了,妈妈很讨厌欣欣这样画些乱七八糟的东西,从来不像爸爸那样给她买彩笔和颜料。

有一次,欣欣从幼儿园里捡到一支粉笔。回到家里,书包一丢,立刻拿出粉笔在墙上画起来。她画完一幅欣赏一幅,再接着画另一幅,画得很尽兴。没想到妈妈一回家,看到屋里用粉笔画满了"乱七八糟"的画,就大动肝火,从欣欣手里抢过粉笔,直接扔在地上踩碎,并大声训斥欣欣:"你怎么跟你爸玩的是同一个破玩意,要是以后你再给我在墙上乱画,我就打你的手,哪只手画的打哪只手,听见没有?"欣欣委屈地点点头。"快去,快把这些用布擦掉,不擦掉晚上不准吃饭。"

最后,欣欣不得不拿着毛巾,含着眼泪亲手把自己的杰作擦掉了。后来她屡次开口跟妈妈要本子和彩色画笔,都被妈妈无情地拒绝了。

点点评评：

可以体会到，当欣欣拿着抹布狠心将自己的"杰作"擦去时，幼小的心灵是承受了多么大的创伤和扭曲。妈妈不让欣欣画，也不给欣欣买画画用的东西，这就等于剥夺了欣欣展示绘画天赋和才能的空间，很可能就把一位伟大的画家给扼杀了。

父母指南

通常情况下，孩子的兴趣很广泛，唱歌、跳舞、画画、朗诵等。每一个孩子都有自己的梦想与愿望，但又不是每一个孩子都能实现；每一个孩子都有自己的喜好与兴趣，但又不是每一个孩子都能在那方面有大的发展。人们常说，父母改变，孩子改变，父母改变一下教育方法，说不定就能改变孩子的未来。

很多父母培养孩子的时候，都根据孩子的兴趣去教育和引导，他们教孩子这样那样，却忽视了一个重要的环节，那就是当孩子取得一定的成果后，忘记给孩子一个施展的空间。俗话说，"授人以鱼不如授人以渔"。要求孩子去发展，还不如让孩子自己去发展。

一个才华横溢的人，却得不到施展的地方，那他的才华也是空为零。如果一个孩子是一匹千里马，但这匹千里马却不能驰骋沙场，那么这匹马还不如普通的马。

父母不仅是孩子学习与成长的引领人和唤醒者，更是为孩子铺路搭桥的建设者。给孩子一个舞台，孩子必定会舞出他的精彩。

那么，睿智的父母具体该怎样为孩子搭建一个施展的舞台呢？其实这并不太难。

（1）童年是人一生快乐的源头，父母不要用太多的束缚、限制夺走孩子的快乐。还给孩子充足的自主时间，让孩子做自己想做的事情。比如，孩子完成了作业，让孩子拿课外书看看，或者孩子去摆弄他前几天画的画儿，这时父母不要过多干涉孩子。在这种情况下，就会增加孩子对生活的积极性和乐趣。

（2）帮孩子组织或者参加兴趣小组。当孩子的成果在兴趣小组得到展示或表彰时，他们的积极性会更高，从而在某方面的水平也会突飞猛进。当然在这里父母万不可逼迫孩子参加自己不想参加的兴趣小组，那样只能使孩子反感兴趣小组。俗话说，强扭的瓜不甜。

（3）父母有时候也可以鼓励孩子去参加一些专业选拔赛和特长比赛，让孩子在比赛中看到自己的实力，肯定自己的成果，这对孩子更是一种无限的动力。当然，失败也没有关系，父母鼓励孩子，告诉孩子，谁笑到最后，谁才是真正的王者。

4. 保护好奇心

好奇心是孩子与生俱来的，会推动着他用各种方式对未知的世界进行无畏的探索，这样才会使他的身心各器官得到充分的发展，他的生活经验才会得以不断丰富。

"聪明"父母这样做

5岁的冬冬很喜欢听妈妈讲故事，有一次，妈妈给他讲了一个《企鹅寄冰》的故事。故事中说，生长在热带的狮子写了一封信给南极的企鹅，要求它给自己寄一些冰块。于是，企鹅就把一大块冰装进了塑料袋，然后又装进纸箱子里，给狮子寄了过去。狮子收到后，发现是一箱子水，就给企鹅退了回去，并告诉他：我要的是冰块，你怎么给我寄来了水。企鹅收到被退回来的箱子，看到箱子里面结结实实的冰块，它很纳闷：我寄的就是冰块啊，狮子怎么说是水呢？

讲到这里，妈妈就问冬冬："这是怎么回事呢？为什么企鹅说是冰块，而狮子说是水呢？"

冬冬皱着眉头，摇摇头："我也不知道，妈妈，这是怎么回事呢？"

"来，我们一起做一个实验，看看是怎么回事。"妈妈用杯子接了一杯自来水。"企鹅生活在南极，那里很冷很冷的，就像我们家的冰箱里，我们把冰箱作为企鹅的家。而狮子生活的地方是热带，那里很热很热的，就像我们家的阳台，阳台就是狮子的家。"

"我们把这杯水放进企鹅的家里，过一段时间我们看看会怎么样。"妈妈把水放进了冰箱里。过了一会儿，妈妈拿出杯子，冬冬看了看、用手摸了一下，冰冷冰冷的，水已经结成了冰。"来，冬冬，你把这块冰运到狮子的家里去。"妈妈让冬冬拿着杯子放到了阳台上，过了一会儿，他们母子又去看那块冰，发现冰已经慢慢化成了水。

等到冰完全化成了水，冬冬又把它运回企鹅的家，不久，水又结成了冰。这个发现让冬冬很兴奋，"妈妈，好有趣啊，我知道为什么企鹅寄出的是冰，而狮子收到的是水了。"

点点评评：

冬冬的妈妈没有在孩子提出问题后就直接把答案告诉孩子，而是和孩子通过实验去探索，这让冬冬有了深刻的印象和极高的兴致，亲子关系也得到了很好的促进。

"糊涂"父母那样做

有一位母亲非常渴望自己的孩子能成为优秀的人才，于是她带着6岁的儿子去拜访一位有名的化学家，想向他请教如何让孩子更快成才的方法。化学家带着母子俩来到了他的实验室，他把一杯有色的液体放在孩子的面前。孩子对这杯有色的液体充满好奇，刚开始他只是好奇地看着这杯液体，而后用手摸了一下杯子，最后，他忍不住要将手伸进杯子里去。

聪明父母这样做

就在这时,孩子的母亲看到孩子要把手伸进液体里,就在背后冲着孩子大叫一声:"别动,危险。"孩子被母亲的叫声吓住了,他缩回了快要伸进杯子里的手,怔怔地看着化学家和他的母亲还有那杯有色的液体,母亲的表情和声音让他产生恐惧。

这时,化学家对母亲说:"你的孩子永远成不了才。"孩子母亲的眼里掠过浓浓的失望,她深深叹了一口气。化学家接着说:"你孩子的好奇心会被你扼杀殆尽,缺乏好奇心,他就缺乏努力奋进的动力。如果不让孩子去尝试,他就难以获得什么成就。其实,这个杯子里装的只是一些染了颜色的水。"

点点评评:

这位妈妈对于孩子对未知世界的探索,根据自己的生活经验去阻碍,相信这是出于保护孩子不受伤害或保护物品不被破坏的目的,可这样的保护只会扼杀孩子的好奇心。

父母指南

一个富有好奇心的孩子,能够保持旺盛的求知欲,在获得知识的过程中体验乐趣,这种乐趣又会激励他不知疲倦地去探究未知的领域,促进其智力的发展。好奇心就像是性能优秀的赛车引擎,保证赛车勇往直前,在激烈的竞争中遥遥领先。

大多数孩子都有好奇心,这是孩子的生理和智慧发展的标志,做父母的应正确看待和因势利导。古今中外有不少伟人就因幼年好奇心强,长大后做出了卓绝的贡献。

好奇心与孩子将来的发展有什么因果关系呢?爱迪生说:"天才就是百分之一的灵感加上百分之九十九的勤奋!"这百分之一的灵感就是孩子的好奇心,因此做父母的应当珍视这点灵感,并进行有效的启发和诱导,决不能漠然视之,更不应当泼冷水。

从某种意义上说,孩子的创造力起源于好奇心。而孩子的好奇心往往萌生在那些恶作剧中。这时,父母切不可简单、粗暴地阻止或指责,而要珍惜和呵护孩子的好奇心,激发孩子的好奇心,鼓励孩子的每一点进步。

儿童心理学家经过长期的研究发现,好奇心是推动孩子求知的重要力量。因此,作为孩子第一任人生导师的父母,学会呵护孩子的好奇心非常有必要。

怎样培养孩子的好奇心呢?

(1)父母要有耐心。孩子提出各种问题都是他具有强烈好奇心的重要表现,这常常会成为他日后成功的起点,他会为了满足自己的好奇而去努力学习、努力探索。所以,面对孩子提出的各种问题,父母要耐心回答,并引导他去探索,决不要简单粗暴地打击孩子提问的积极性。

(2)陪孩子一起探索。对于年幼的孩子而言,生活中的未知都可以激起他的好奇心,而这种好奇心又激励他去努力探索,经过探索他得到了某种发现,而这种探索过程本身对他来说也是一种快乐。父母在保护孩子的探索欲望和行为之外,也要尽可能地陪他一起去探索。

(3)父母要虚心。父母不是百科全书,孩子的提问五花八门,如果不懂,可以明确告诉孩子,然后带孩子一起去寻找答案。告诉孩子知识的探索是无止境的,一个人必须要不断地学习。而且自然界还有许多不为人知的奥秘,有待人们去探索。这样可使孩子对将来的学习产生一种向往。

5. 开发孩子的潜能

孩子很小就有巨大的潜能,从孩子出生那天起就要开始教育,跟他说话,教他认知;每个人都有先天禀赋,但后天的教育更重要;儿童的潜能如果不及时开发,就会递减。

聪明父母这样做

"聪明"父母这样做

柴可夫斯基是俄国最伟大的音乐家，他在童年时就表现出了在乐感上的非凡能力。他在《回忆录》中写道："我的父母使我在婴儿时期就感受到音乐节奏的魅力，这是我走上音乐道路的起点。"柴可夫斯基的父亲是一个马车夫，母亲是一个平凡的家庭妇女。还在襁褓中的时候，母亲便常常抱着他，一边哼唱着乡土味十足的俄罗斯民歌，一边轻轻地拍打他的小屁股，使他在和谐的节奏中安然入睡；父亲一回到家就把他抱在腿上，一面从嘴里发出"的笃、的笃"的马蹄声，一面轮流交换抬起左、右腿，使他东摇西晃，上下颤动，让他充分享受到了什么是"节奏情趣"。

从小在父母那里受到的"音乐"熏陶，使得柴可夫斯基拥有了一双为音乐而生的耳朵。稍大一点儿的时候，父母发现他能够把许多听过的旋律用钢琴准确地弹出来。于是，为了不泯灭他的这种音乐潜力，父母便把他送到了正式的音乐学校去接受教育。

由于过人的音乐感知能力和刻苦的学习，柴可夫斯基终于成为一名享誉全世界的伟大音乐家。

点点评评：

其实，柴可夫斯基的父母当初并未有意培养他成为音乐家，但他们"哄孩子睡"和"逗孩子乐"的行为，却在无意之中培养了柴可夫斯基敏锐的节奏感，这使他自此与音乐结下了不解之缘。而当他们发现孩子在音乐上的天赋时，更是给予其最大的支持，这就是激发和挖掘孩子潜能的最佳体现。

"糊涂"父母那样做

良晨今年才7岁，父母每天下班回到家后就是让他写作业，不让看电视，不让看课外书，不让……几乎把他与世隔绝了，只让他"两耳不闻窗外事，一心只读圣贤书"。学校里的一切课外活动，父母都不支持，他们觉得这些都是浪费时间，还不如用来学习。

点点评评：
良晨的父母不让他接触任何的课外事物，这样就算良晨真的有哪方面的潜能，也不会被他们挖掘出来了。

父母指南

人的一生中，儿童时期是智力发展的关键时期，这一时期的智力发展将直接影响到一个人一生的智力发展。因此，抓住儿童智力发展的黄金时期，及时开发儿童的智力潜能，是教子成才、助子成功的重要途径，而失去了这一时期的发展机会，以后的教育会加倍曲折艰辛，因为儿童的智力开发不进则退，是会递减的。

作为父母来说，如果能够认清孩子身上的某种潜在能力并将其积极地挖掘出来，那么就等于为他们铺就了一条通向成功的大道。

被世人誉为"诗人音乐家"的德国著名音乐家舒曼曾说："节奏是音乐的生命，没有节奏也就没有音乐。音乐家之所以能在笔端流淌出一串串悦耳的音符，一首首动听的歌曲，主要在于他有超常的节奏感，而节奏感的形成总是从童年开始的。"

由此看来，对孩子潜力的挖掘和激发对他们的成长来说是至关重要的。那么我们的父母应该从哪些方面入手，又该怎样去挖掘孩子的潜力呢？

（1）发现孩子的优点，加以鼓励。每个孩子身上都有优点，即使是性格顽劣、学习成绩不好的孩子也是一样。所以，父母要有一双善于发现的眼睛，当发现孩子的某些优点时要给予积极的鼓励。这样一来，即使是一个小小的优点也有可能转变成一种很强大的能力。

（2）在提问中激发孩子的潜力。在日常生活中，父母要随时随地随机向孩子提出一些有利于提高他们观察、思考、分析和解决问题能力的问题，这对于孩子潜力的激发也是大有益处的。

（3）在兴趣中挖掘孩子的潜力。根据孩子的兴趣慢慢地培养其爱好，再视其发展情况加以引导，将这种爱好发展成潜力，这才是正确的教育方法。做到这些，需要父母拥有耐心、细心和爱心。

仔细研究一下世界上许多成功人士的经历可以发现，他们成功的原因不乏名师指导和自身的勤奋，但不可否认的是，父母对他们某些天赋潜能的重视和呵护也是非常重要的。这对于望子成龙的父母来说富于很多启发意义。

有的孩子可能天赋异禀，不用大人教也能够学习、品格样样优秀，但这只是极个别现象。大多数孩子都是资质平庸的，这就需要父母用耐心、细心和爱心激发出他们某种潜在的能力，这样他们也可以成为成绩优秀、品格高尚的好孩子。

第五章
礼仪篇:"聪明"父母培养孩子的高贵,"糊涂"父母忽视孩子的礼仪

1. 害羞的孩子也大方

害羞是孩子的一种天性,也是一种自然情感的流露,尤其是女孩。当父母看到自己的孩子过分害羞或胆怯时,要用合适的方式去帮助孩子除去这种心理,与孩子共同渡过这个难关,使孩子展现出无拘无束的大方气质。

"聪明"父母这样做

方方今年上幼儿园大班了,平时非常乖巧听话,可是有一点令父母担心的是方方是个太害羞的孩子。平时遇见家里来了客人,方方总是不敢走出自己的房间,更不敢和客人搭讪。出门也是喜欢躲在妈妈身后,尽管外人非常喜欢并赞美她,她总是羞答答的满脸通红。最糟糕的是,方方的舞跳得非常棒,可是因为害羞而主动退出学校六一儿童节的舞蹈表演节目,这不得不让父母开始担心方方以后的成长,于是请教了好几位心理学家,心里终于渐渐有了些底。

聪明父母这样做

有一次，妈妈要带方方回老家参加一个婚礼，那里可以看到很多亲戚。可是方方说什么也不去，因为她不敢去。但是妈妈早有准备，说："方方，老家也有很多像你这样的小朋友，但是他们都没有你聪明，也没有你听话，看妈妈特地给你买了件新衣服。"

妈妈拿出件早预备好的衣服，说："看这件衣服多漂亮啊，方方穿上这件衣服就像童话里的白雪公主，漂亮极了。"

方方看这件有着"魔力"的衣服，眼中充满了渴望。妈妈又说："老家那里的叔叔阿姨们非常欢迎穿漂亮衣服的小朋友。"于是，方方终于在妈妈的鼓励下，穿上漂亮的衣服与妈妈一起回到老家。

参加完婚礼的归途中，妈妈还鼓励方方给叔叔阿姨小朋友们表演了一段舞蹈。回到家后，方方经过这次跟妈妈回老家的经历，备受鼓舞，由于妈妈的呵护和鼓励，使方方变得大方起来，在学校的舞台上也经常能看到方方表演节目了。

> **点点评评：**
>
> 乖巧听话的方方因为害羞导致胆怯，不敢见生人，更不敢上台表演节目，因此错过了许多表现的机会。但是妈妈并没有因此责怪方方，而是采取了一系列鼓励的方式，大大提高了方方的勇气，使得方方渐渐走出了胆小和怯懦的阴影。

"糊涂"父母那样做

小雅正在低着头，流着泪听妈妈大声训斥，原来是小雅在全校作文比赛上拿了二等奖，这本来是好事，值得鼓励，但小雅得知领奖的时候要在奖台上发表获奖感言，胆怯了。为了不上台发言，领奖那天小雅没去学校，逃学了。老师打电话给小雅的妈妈，妈妈知道了正大发雷霆呢。

妈妈深知女儿的性格，见到生人非常害羞，更别说当着全校老师和同学的面讲话了。以前妈妈为女儿的这种心理不知道训斥过多少回了，可是每次都没有效果。这次逃课，情况更是让妈妈难以忍受。

小雅妈妈还没教训完，爸爸下班知道此事，上来就大声呵斥："连上台领奖说几句话都不敢，你就算拿个一等奖又有个屁用！"女儿流着委屈的泪水，不敢看父母的眼睛。

> **点点评评：**
>
> 　　小雅过于害羞，内心也一定非常懊恼。但是父母并没有考虑到这一点，而是一起痛斥孩子，用非常恶妻的语言伤害小雅，只能加深孩子的心理负担，让小雅饱受委屈。

父母指南

俗话说，孩子不优秀，就是父母不优秀。看到孩子有不足的地方，父母要做的第一件事，就是反思自己的行为，为孩子找到一个更好解决问题的办法。

可以说，每个孩子都曾害羞过，害羞的孩子往往敏感、多思。当一件事情来临的时候，害羞的孩子通常比别人想得更多，所以顾虑和担忧的事情也会更多。但是，这并不影响害羞孩子身上具备的潜力。正常情况下来说，害羞的孩子在逻辑能力和发散思维能力上都有着一定的优势。

美国心理学家沃伦·琼斯博士认为，害羞是一个人的弱点，但害羞的人比较聪明、可靠、讨人喜欢，更能体谅别人，容易成为工作上的搭档。所以对害羞的孩子进行适当的教育培训，必定能培养成为更优秀的人才。当我们的孩子害羞时，父母就应该找出相应的办法，来克服孩子的这种心理，这也是作为成功父母的一份责任。

（1）孩子害羞，必定有害羞的原因。可能孩子是因为某种担心，某种顾虑，所以不敢大胆的表现出来。父母这时候就要找出孩子所担心和顾虑的对象，并采取积极的措施为之化解，让孩子释怀心理负担。

（2）平时鼓励孩子在课堂上多发言，规定孩子每周在课堂上发几次言，渐渐地让孩子摆脱胆小心理，时间久了，孩子的胆量就练出来了，以后在众人面前也会变得大方自如了。

（3）通过玩游戏来锻炼孩子。孩子都爱玩，害羞的孩子一般都喜欢玩安静没有伤害性的游戏。但要克服孩子羞怯的心理，就可以试一试让孩子玩一些刺激具有挑战性的游戏，让孩子在游戏中体会做勇敢者的胜利与喜悦。

（4）带孩子多参加集体活动。带孩子去人多的地方，鼓励孩子融入这样的集体活动中，并对之夸奖和赞美，让孩子对自己有信心，这样锻炼得多了，孩子的羞怯自然就克服了。

2. 教育孩子不说脏话

无论一个孩子表现得如何优秀，但如果说脏话，那就是在自毁形象。一个孩子讲脏话不论是对形象，还是气质都是一种损害。所以，父母要培养孩子口才，但千万不要让孩子养成说脏话的习惯，一旦发现，就要立马杜绝。

"聪明"父母这样做

李女士有一个人见人夸的乖孩子。在大人眼中，文文是一个非常懂礼貌的孩子；在伙伴的眼中，她是一个团结同学的孩子，而且从来没跟伙伴吵过架，更没说过脏话。其实这也归功于李女士的教子有方。

李女士回忆说："其实我孩子从前也说过脏话，只是正好被我抓住了。那次隔壁家的小孩子不小心泼了她一身水，那时候她身上刚好穿着我给她新买的花裙子，看着新衣服被泼的一身污水，她边哭边骂，骂出来的脏话也不知道从哪里学来的。我当时惊讶极了，立马制止她，对她进行了一次'严厉教育'，并且陪着她去向邻居小男孩赔礼道歉。回家后，她也意识到，讲脏话是一种非常不礼貌的行为，大家都不喜欢。从此也没再听过她说粗话了。在以后的生活中，她也渐渐地懂得如何管住自己的嘴巴，如何说一些漂亮的话！"

点点评评：

　　李女士成功地在孩子第一次说脏话的时候，狠狠地教育了一番。也让孩子意识到说脏话是非常不文明的表现，这有效地避免了孩子日后说脏话的习惯。

"糊涂"父母那样做

　　星期五放学，婷婷一边抹着眼泪，一边拎着书包向大门口走去。正等得焦急的爸爸立马冲上去问婷婷怎么了。婷婷哭着说："同学和我吵架，她说不过我，她就用脏话骂我。"爸爸听后气愤地说："她骂你时，你就不会骂她？告诉爸爸她骂你什么了？"

　　"她骂妈妈。"婷婷一边望着爸爸一边小声地抽泣着。

　　爸爸说："婷婷，你爱妈妈吗？"

　　婷婷不假思索地答道："爱！"

　　"那别人骂你妈妈你就不会骂别人的妈妈呀！就知道哭，哭有什么用。"爸爸生气地带着婷婷回家了。

　　第二天傍晚放学，婷婷哭得更大声了，爸爸跑上前去质问："是不是那个同学又骂你什么？"

　　婷婷说："我骂他妈妈他就骂我妈妈，我越骂他妈妈他就越骂我妈妈。"

　　呜呜……婷婷又哭起来了。爸爸想了想，也没辙了，十分气愤地带着婷婷回家了。

聪明父母这样做

点点评评：

婷婷用脏话骂别人的妈妈就等于骂自己的妈妈。爸爸为了出一口气，并没有想到这一点，反而让婷婷用脏话去反驳同学，这样只能使婷婷的品行有损，还会使婷婷养成说脏话的习惯。

父母指南

讲脏话是一种非常不文明的行为，也是一个人没有修养的表现。在大庭广众之下说脏话，往往会遭到别人的质疑和白眼。一个说脏话的孩子，不论打扮得如何漂亮，举止如何得体，一旦说出脏话，形象就会立即掉价。

其实有时候，孩子说粗话、脏话，只是看到别人说觉得好玩，并没有是非观念，于是模仿。这个时候，父母一定要教育孩子，让孩子远离脏话。

（1）父母是孩子最好的榜样。孩子是一张白纸，父母是第一笔，也是最重要的一笔。想要孩子不说脏话，父母就应该从自身做起，以身作则，不讲粗话，为孩子树立一个文明用语的榜样。而在生活中，有的父母说话常常脏话连篇，自以为口才了不起，就连在教育孩子的时候，脏话也不忘脱口而出，这对孩子的成长是非常不利的。俗话说，学好三年，学坏三天。所以在粗话中长大的孩子渐渐地就会养成说脏话的习惯。

（2）让孩子选择好的玩伴。所谓近朱者赤，近墨者黑。大多数时候，孩子说脏话都是在外面学的。让孩子跟讲文明的孩子接触，渐渐地就会学到和养成一些文明的用语和习惯。

（3）循循善诱。有的父母听见自己的孩子讲脏话，会诧异的暴跳如雷，立马大声训斥，甚至直接运用暴力制止，其实这种方法也是不对的。真正要让孩子不说脏话，就要让孩子意识到讲脏话的坏处，清醒地认识到说脏话会给自己带来不良的严重后果。

（4）提高孩子的修养。要让孩子习惯性地说出文明用语，并不是一朝一夕就能够形成的，这要靠父母平常不断的教育与培养，平时让孩子多看书，给孩子营造一个讲文明的家庭气氛，让孩子多看看名人演讲，才能从中吸取一些文明和智慧的语言。

3. 善于控制情绪的人才能控制人生

让孩子学会控制情绪，在面对人际矛盾时，要学会克制，学会忍耐，不要像火药引线一样，一点就着。只有能控制自己情绪的人才是能掌握自己未来的人。

"聪明"父母这样做

有一个男孩脾气很坏，为了让他学会克制自己的坏脾气，父亲给了他一袋钉子，并告诉他："每当你发脾气的时候，就钉一颗钉子在后院的篱笆墙上。"

男孩按照爸爸的要求做了。第一天，他钉下37颗钉子，于是他对自己说，我一定要学会克制；第二天，钉子的数量有所减少。就这样，钉子一天比一天钉得少，说明他发脾气的次数越来越少了。终于有一天，他不用再往墙上钉钉子了。

父亲很高兴，但并没有表扬他，而是对他说："从现在开始，每当你能够控制自己脾气的时候，就把钉子拔下一颗。"

一天天过去了，钉子越拔越少，最后男孩告诉父亲："我已经把我钉上去的所有钉子都拔出来了。"

父亲表扬了他，并把它带到那个篱笆墙跟前，对他说："儿子，你看看那些围墙上的洞，这些洞都不可能恢复到从前的平坦了，你生气

聪明父母这样做

时说的那些话，做的那些事就像这些钉子一样，给别人留下了疤痕，也会成为你过去的污点，如果你以后不想再有这样错误的话，那么就永远不要乱发脾气。"

点点评评：

这位父亲的教育方法非常值得提倡，他没有说教，也没有训斥批评，而是通过"钉钉子"这样一件小事，让这个男孩懂得了怒火的破坏性，并让他逐渐养成了克制自己的好习惯。

"糊涂"父母那样做

丈夫在单位挨了领导的批评，为此窝了一肚子的火，又不便对领导发作，就在下班回家后冲着妻子大发脾气。妻子对丈夫发脾气感到莫名其妙，看到丈夫一脸愤怒的样子，又不敢再惹他，就忍气吞声。妻子看到儿子写作业时东张西望，就大声地训斥孩子，骂他心不在焉。这个小男孩对妈妈的批评感觉很委屈，很伤心。小男孩看到了在一旁的小花猫，跑过去对着小猫就是狠狠的一脚。小男孩觉得解了恨，而小猫却喵喵叫了两声跑到一边去了。

点点评评：

在一个家庭里，暴躁的情绪也是很容易传染的。这个小男孩也时常会受到大人暴躁情绪的消极影响。孩子脾气暴躁，很多时候是因为他的父母也有脾气暴躁的缺点，他们稍不顺心就会大发其火，孩子一不让他们满意，他们就会冲着孩子大喊大叫，而孩子为了表达对父母的不满，就会与他们较劲，父母的声高，孩子的声音更高，父母的脾气粗暴，孩子就会用更粗暴的言行来对抗父母。

父母指南

情绪是一个人对外界刺激做出的反应,包括喜、怒、忧、思、悲、恐、惊7种类型,正如一个好消息会让人喜悦,一个坏消息会令人沮丧。对于一个人而言,每一种情绪的表达都是非常正常的。但是,过于高兴会酿出悲剧,而异常愤怒更有可能伤人伤己,无论哪种情绪如果表现得过于激烈,就需要适当控制了,如果不能得到及时而有效的控制,结果都是令人遗憾的。

当今的孩子在家大多娇生惯养,以自我为中心,不仅受不得委屈,承受能力也较差。不管做什么事情都是带有很多情感色彩,任凭自己的情绪随意发泄:取得好成绩时,就会感到喜悦、兴奋;有的孩子因为老师小小的批评就跳楼自杀;有的孩子因为丢了一块心爱的橡皮而好几天不吃不喝……失去最珍贵的东西时,就会感到惋惜、悲伤;如果他们的愿望没有达到时,就会愤怒、失望;和陌生人或事物接触时,他们会感到局促不安等等。

生活中我们有时会见到,有人在地铁里抢座位,在公交车上挨了挤,当事人因不能克制自己,而引发争吵、咒骂、打架,甚至流血冲突的情况。在社会治安案件中,相当多的案件都是由于当事人不能冷静地处理微不足道的烦琐小事而发生的。

然而,不同的人在面临同一种外界刺激时反应都不会相同。比如:两个人在马路上不小心碰了一下,如果两个都是情绪比较缓和的人,那么,多半是互相说"对不起",彼此道歉,然后离开;而如果两个人都暴怒易躁的话,可能这个不经意的碰撞,就能演变成一场打架斗殴事件。

理智能控制自己的情绪,也能约束自己的言行。孩子的种种愿望和需求,要符合自己的实际情况及道德规范,否则就要学会用理智打消这种念头。

对于孩子来说,掌握了控制情绪的方法,往往能大事化小,小事化了,避免同学之间、师生之间、亲子之间的矛盾。

总之,孩子有一个乐观而稳定的情绪有助于提高学习效率,在困难和逆境中保持乐观向上的情绪会增强孩子的自信心。所以,乐观稳定的情绪是孩子心理健康的重要标志。

那么，父母应该怎样教孩子学会控制自己的情绪呢？

（1）给孩子创造平和的家庭气氛。父母是孩子的第一任老师，家庭也是孩子学习的重要课堂。父母的言行以及所营造出的家庭气氛对孩子的影响是根深蒂固的。所以，要想学会控制情绪，首先应该让孩子生活在一个情绪平和的家庭里。

如果父母是性格极端、脾气暴躁的人，家庭肯定是充满了愤怒与惊恐的气氛。那么孩子从小感受到的就是父母用暴力来处理情绪，当孩子面对与同学的矛盾或不如意时，自然会用同样的方式表达心情，他不知道什么是控制情绪，什么是发泄情绪，他只知道要这样表达，因为他的父母没有示范给他其他的方式。

所以，父母如果经常给孩子输入平和的情绪，并且面对孩子的问题都会冷静处理的话，孩子在遇到不如意时也不会放纵情绪。

（2）严肃对待孩子的第一次发火。有时，孩子的坏脾气是父母惯出来的。有的孩子因父母没有满足他的需求，就用哭闹、喊叫等方式表达自己的不满，以此向父母示威。孩子起初是用这种方式来换取父母的注意，但久而久之，孩子就会养成无法控制自己的坏毛病。

所以，父母对孩子第一次发火，绝不能听之任之，不能让孩子一声吼叫控制住了父母，却控制不住自己。父母应该非常严肃地对待这个问题，要让孩子知道他这套不但不管用，而且以后绝不能犯，一次性就让孩子记得清清楚楚。

当然，严肃对待的前提是孩子对父母有强烈的信任和依赖，所以，父母在教育孩子的过程中，一定是"恩威并施"的，父母平时对孩子全心全意的照顾是教育他们的基础。

（3）让孩子知道自己的情绪可以控制。当孩子的坏脾气已经成为一种习惯时，父母就要经常给他灌输一个概念：自己的情绪自己一定可以控制。这个概念就像强化剂，强化的次数越多，实现的可能性就越大。在这个强化的过程中，父母不但要让孩子知道什么是情绪，并鼓励他们管理自己的情绪。这是一个改观问题，需要父母耐心引导。

（4）教孩子控制情绪的方法。要让孩子学会控制情绪，父母就要帮他们找到疏导情绪的方法。平日里，父母要经常和孩子聊天沟通，他感受到父母的亲切，遇到不顺心的事情，自然会倾诉给父母，而"倾诉"就是疏导情绪的好方法。

当孩子经常表现出无法控制的情绪时，父母当时不一定要急于规劝，而是在他平静之后，教给孩子具体应对情绪的办法。比如，教给他在想要发火的时候默默从1数到10。一般情况下，他能在内心数完这10个数，怒火也发不出来了。

（5）克制孩子的怒火要避免"火上浇油"。平息脾气暴躁孩子心中的怒火，就要做到不要在他发火的时候你也发火，那么他就会更加暴躁。正确的做法是，当出现这种情况时，可以暂时不予理睬，避免"火上加油"，给他们创造继续发作的机会。

（6）经常让孩子感受宁静。不管是消极的情绪还是积极的情绪，如果过于亢奋都会让人感到不适。父母若经常让孩子体会平和心境所带来的宽广，他又怎会走入极端情绪的狭隘与黑暗中呢？当然，帮助孩子感受心灵的宁静，父母自己首先得深有体会。

建议父母经常带孩子去接近大自然，大自然中有平静的湖水、广袤的草原、一望无际的大海、雄伟的山峦……任何一种风景都能治愈心灵的浮躁。

总之，面对情绪易失控的孩子，父母要去关心、理解他们，一定要耐心、细致、正确地引导他们，才能取得理想的效果。

4. 掌握接听电话的礼仪

接听别人的电话，不要先挂电话，讲话一定要有礼貌，如果是他人的电话，一定要做好记录。

聪明父母这样做

"聪明"父母这样做

老张的儿子奇奇，非常有礼貌，家里来电话了，奇奇就会像个小大人一样，一拿起电话就说："您好，请问您找谁。"如果父母不在，他会说："我妈妈不在，请问您有什么事情需要我转告她吗？需要让她给您回电话吗？"对方不挂电话，他肯定不会先放下电话，都是等客人挂电话之后，自己才放下电话，礼貌、周全。朋友对老张说，自己的儿子淘的不得了，又任性又霸道，你用了什么好方法教出这么有礼貌的儿子？老张说，这就是习惯成自然，我们在电话前贴上便条，便条上把各种礼貌细节写得很清楚，奇奇一接电话就会按照便条上的要求去做，久而久之，就形成了现在的好习惯。

> **点点评评：**
> 　　老张用在电话旁边贴便签的方式让奇奇按照上面的要求去做，慢慢习惯礼貌接听电话。

"糊涂"父母那样做

李先生的儿子就是家里的小霸王，父母只有他这一个宝贝儿子，对他溺爱的不得了，儿子的缺点和坏毛病，夫妻俩都看不出来。这孩子特别喜欢接听电话，只要电话铃响了，就会迅速跑过去，一把拿起电话听筒大声问"喂！谁啊？"知道对方要找的人是谁之后，大声地喊"妈妈，电话"或者"爸爸，电话"，这一喊都快把对方的耳朵震聋了。有时候碰到孩子认识的叔叔或阿姨打来电话，父母要去接，他就抓住话筒不放，妈妈叫，爸爸嚷，电话那头的亲戚朋友直恳求，但是这孩子的话没说完，话筒是不会交出去的，俨然一个"电话小霸王"。

孩子的爷爷奶奶曾经说起过这事，希望让李先生教教孩子接听电话的礼貌，可李先生却说："其实这也没什么，孩子小，不懂事，大点儿就好了。"

点点评评：

李先生对儿子接听电话时不懂礼貌、没有礼节的行为没有及时教导，反而认为是孩子小的原因，没有从小就培养孩子讲文明懂礼貌的好习惯。

父母指南

当你给朋友家打电话时，如果恰好是朋友的孩子接电话，在电话里对你粗暴的大喊，或者一句话不说就生硬的挂断电话，你会怎么想？会不会觉得这孩子不懂礼貌，没有家教，你会对这孩子很反感，甚至会很讨厌他。其实当别人给你家打电话的时候，如果你的孩子是这样的表现，他们的心情和你是一样的，在电话的另一端，他们本来已经在脑子里构成一个关于你的家庭和环境的美好的图像，而你的孩子粗暴的接听，把这一切都毁了。如果你理解了这种心情，那么请不要让你的孩子成为那个让你朋友讨厌的孩子。

大多数人不喜欢这样的孩子，遇到这样的孩子，人们总说"这孩子真没修养"或者"这孩子真没家教"，其实，"没教养"是对父母缺乏良好家庭教育的批评，"没修养"是对孩子说话没礼貌的批评。从某种意义上说，孩子是否礼貌，是否懂得接听电话的礼仪，不仅代表了个人形象，也代表了一个家庭的形象。孩子在接听电话的时候不懂礼貌，久而久之，他会把这种态度带到人际交往中，这样的孩子是不受人欢迎、不讨人喜欢的，这就相当于关闭了与他人进一步交往与合作的大门。可见，让孩子懂得礼貌的接听电话，是他礼貌待人的行为习惯之一，是他学会做人、学会做事的基础，对他将来为人处事有很大的益处。

那么，父母应该怎样培养孩子礼貌接电话的好习惯呢？

聪明父母这样做

（1）反复练习。在家中，可以让孩子练习，父母在旁指导。如果孩子有不当的言行，可以及时纠正。当电话铃响起，让孩子迅速走过去，接起电话，先说"喂，您好！"如果听出对方是熟悉的人，要向他问好。当孩子不知道对方是谁，对方也没说自己是谁，孩子可以问："请问您是哪位？"等对方说出自己的名字之后，让孩子再向他问好。

如果对方没有说自己要找的人是谁，孩子可以问他"请问您找哪位？"如果对方是找家里的人，孩子可以告诉对方"稍等一下"，如果孩子大声喊叫，应立即制止。要告诉孩子大声喊叫声音会通过话筒传到对方耳朵里，使人家感到不舒服。然后让他轻轻地走过去告诉家人，如果对方找的是孩子，就要让他认真听电话，不走神，不许吃东西，并及时回答对方的问话。最后，等双方都说过"再见"之后，再把电话挂掉。反复练习多次，让孩子知道怎样做是对的，如果他做得很好，应及时鼓励和夸奖，告诉他"你真是个有礼貌的好孩子，接电话的阿姨一定会夸奖你聪明懂事！"让孩子觉得自己做得非常好，会下决心以后要做得更好！

（2）培养孩子的好习惯。像上述事例中的李先生一样，为你的孩子写一个简单的电话号码清单和怎样接听电话的礼貌，并把它贴在电话机旁以便随时提醒孩子。过一段时间后，你可以给家里打一次电话，装作陌生人听听孩子是如何接电话的，如果他有什么错误出现，要及时给他讲解更正，久而久之，让孩子养成接听电话文明礼貌的好习惯。

接听电话是一个家庭是否具有礼仪的窗口，所以要借助这一载体，适时地对孩子进行礼仪教育，让你的孩子成为一个讲文明懂礼貌人见人爱的小天使。

5. 日常生活礼仪必修课

礼仪不仅表现了一个孩子的修养和气质，还体现了家教的好坏。父母一定要严肃、认真地对待孩子的礼仪培养，让孩子成为一个时时处处讲文明、懂礼貌，而且人见人爱的人。

"聪明"父母这样做

小丁的父母非常注重孩子礼仪的教育，平时也经常会给他讲一些礼仪的小常识，利用生活的所有机会来教育他。

比如说：如果出去吃饭时，父母就会告诉他餐桌礼仪是怎样的，并让小丁照着做；家里来客人时，父母就告诉他待客的礼仪；在公共场合时就会告诉他在公共场合的礼仪……

慢慢地，小丁在父母的教育下，成了一个举止得当、处处讲礼仪的小绅士。

点点评评：

小丁的父母从生活中的小细节上培养孩子的礼仪，让孩子成为一个小绅士。

"糊涂"父母那样做

李刚在生活中非常不讲礼仪，有很多坏毛病，在别人眼中是个不懂

聪明父母这样做

事、不懂规矩、没有素质的孩子。妈妈认为孩子还小，他想怎样就怎样吧，长大了自然就守规矩、懂礼节了。

可直到李刚上高中了，他还是一点没变，现在妈妈想再教育也晚了。

点点评评：

李刚的妈妈看到孩子不懂礼节，没有从小培养，认为孩子大了自然就好了，结果耽误了最好的教育时机。

父母指南

孩子的衣服可以由裁缝做得很合适，孩子的学识可以由老师教得很丰富，这些事都可以使孩子看起来很体面。但是，如果想要他成为一个有良好教养的绅士，光有得体的外表和丰富的学识是远远不够的。歌德曾说："一个人的礼貌，就是一面照出他肖像的镜子。"这句话充分说明，成为一个有教养绅士的首要条件就是拥有良好的礼仪，而没有良好的礼仪，其余一切优越条件都会被人看成骄傲、自负、无用或愚蠢的表现。

我国是一个文明古国，自古被称为礼仪之邦，讲文明、懂礼仪是中华民族的传统美德。而从孩子的礼仪修养中，不仅可以看到他个人的道德水准和教养水平，更能反映出一个国家、一个民族的整体精神面貌。因此，无论是为了孩子自身的发展和提高，还是为了国家和民族的希望，父母都该从小就对孩子的礼仪培养加以重视，让孩子从小养成讲文明、懂礼貌的好习惯，这样他们才有资格成为一名真正的"小绅士"。

教育学博士、联合国儿童基金会小脚印中心的曹云昌主任认为，日常交往是培养孩子礼仪的绝好机会。那么，在培养孩子文明礼仪的过程中，父母应该采用哪些方法呢？

（1）教孩子正确使用礼貌用语。在日常生活中，父母应该在待人接物中教孩子正确使用礼貌用语，并创造机会让孩子随时随地练习，以便形成自觉使用礼貌用语的好习惯。比如，对父母或师长应该尊称"您"；向他人提出要求时要说"请"；与人打招呼时要说"您好"；与人分手时要说"再见"；给人添麻烦时要说"对不起"；得到帮助时要说"谢谢"。

（2）仪容、仪表教育不可少。父母要教育孩子，仪容整洁，勤洗澡，不留长发。另外，仪表教育也不能忽视，教育孩子要衣着得体，整洁朴素，美观大方。

（3）教孩子学会正确使用体态语言。心理学家经过研究，曾得出这样一个有趣的公式：一条信息的表达=7%的语言+38%的声调+55%的表情动作，也就是说，是否能够正确地使用体态语言，是考核一个孩子是否有教养的重要标准之一，所以父母应该从小就重视对孩子体态语言的培养。比如，与人打招呼时要面带微笑，亲切握手；送别友人时要举臂摆手。

（4）迎宾待客中的礼仪教育。家里经常有客人来，所以应该让孩子养成良好的迎宾待客礼仪。比如，客人来访之前，要把房间收拾整洁；客人到来时，要热情接待，主动问候，还要帮助父母给客人挂大衣、递茶水；客人走时要说"再见"、"欢迎下次再来"。再比如，如果自己的同学或朋友来做客，也要热情迎接，如果对方是初次来访，应该介绍给父母认识，然后再拿出吃的、玩的或是图书等进行招待等等。

（5）应该重视餐桌礼仪。餐桌礼仪最能直接体现一个孩子是否有教养、懂礼仪。餐桌礼仪又根据场合不同有不同的讲究。比如在家用餐时，要先请长辈入座；主动为长辈添饭、夹菜；长辈为自己夹菜时要说"谢谢"；先吃完饭要说"大家慢慢吃"。在学校餐厅用餐时，要在老师的指导下有秩序地进入餐厅；坐姿要端正；进餐时要安静，咀嚼或喝汤时尽量不发出声音；饭、菜、汤要吃干净；不挑食，不偏食；进餐之后要自行收拾餐具。在餐馆用餐时，不要大声喧哗，不来回走动，向服务人员提出要求时要说"请"、"谢谢"等文明用语。

（6）带孩子去做客的礼仪教育。去别人家做客更要讲究礼仪，尽量要教育孩子做到以下几点：仪表整洁，尽量带些小礼物；说话时要注意语音、语调，不能大声说话，谈吐要文明；未经主人允许，不要随意翻动主人家里的东西；告别时，要说感谢的话，比如"今天过得很开心"或者"下次欢迎到我家去做客"等等。

培养孩子养成良好的文明礼仪习惯，从小处说，可以让孩子在人群中更受欢迎，从大处说，可以让孩子的人生之路更加顺畅。因为一个谦和友善、助人为乐、举手投足无不具有绅士风范的人和一个举止粗鲁轻慢、对人总是吹毛求疵、没有一点合作精神的人哪个更容易成功是显而易见的事情。

6. 幽默的孩子有风度

具有幽默感的孩子大多开朗活泼，往往更讨老师的喜欢，人际关系也比不具有幽默感的孩子好很多，幽默还能帮助孩子更好的应对生活和学习中的压力和困难。

"聪明"父母这样做

一位年轻妈妈给孩子讲故事，她看到孩子心不在焉，有点闷闷不乐，于是想了一个办法，当讲到"这个人像个跟屁虫一样，一直跟在我们后面……"妈妈顿了一下，点了点孩子的小鼻子："和你一样，一个小跟屁虫。"孩子立刻咯咯笑了起来，一面跟着妈妈说："跟屁虫，哈哈！"妈妈会觉得孩子很可爱，同时，这是培养孩子幽默感和刺激思考能力的一个好时机。

点点评评：

这位妈妈做得非常好，她看到孩子不开心就用幽默的语言来逗他，小孩子有时候会因为听到大人说好玩的话，或看到某个不协调的动作，便哈哈地笑个不停。这表示孩子的幽默感正在形成。

"糊涂"父母那样做

杨涛的父母平时工作非常忙，他们很少在家里陪他。这天，父母都在家，两人晚上还有事要出去，正在收拾东西。杨涛放学一进家，看到父母非常高兴，就主动和他们聊天，还给他们讲了一个从同学那里听来的非常有意思的笑话，可正在杨涛兴高采烈地讲着的时候，爸爸突然严肃地打断他，说："你不要在这里贫嘴了，去写作业吧，我们这都忙着呢。"说着就接着忙自己的事情。杨涛非常沮丧，他发誓，再也不给父母讲笑话了。

点点评评：

杨涛的爸爸在孩子给他讲笑话的时候，却一脸严肃，根本不配合，对孩子的话也不关注，这样会阻碍孩子幽默性格的培养。

父母指南

那么如何把孩子培养成幽默风趣的人呢？

（1）幽默感要从小培养。有关专家指出：人的幽默感大约三成是天生的，其余七成则需靠后天培养。尤其是父母的努力培养与引导，对孩子幽默性格的形成至关重要。

父母可从以下方面着手：在孩子刚出生6周便开始对其进行独特的

聪明父母这样做

"早期幽默感训练",如与孩子玩"捉迷藏";在孩子学步摔倒时,父母可故意向他做个鬼脸以表示安慰,此时孩子往往会被大人的鬼脸逗得破涕为笑。时间久了,孩子会发出"咯咯"的笑声,甚至模仿这样的行为,这些都是幽默的启蒙。

(2)为孩子创造幽默的氛围。幽默感的培养是一个长期的过程,父母要随时随地为孩子创造一些幽默的氛围,以幽默的心态来感染孩子,让孩子在一个幽默的环境中长大。在家里要定出一定时间,全家人一起讲笑话和猜谜语。让孩子多欣赏一些幽默的作品,不断挖掘他的幽默潜质,提高孩子对幽默的领悟力。

同时,当孩子哭闹时,父母若懂得在一旁营造气氛,抱抱他、拍拍他、安抚他"怎么了孩子,妈妈的小宝贝,为什么哭得跟小花猫一样?"温柔、幽默的表达方式,有助于孩子忘记哭泣,破涕为笑,找到快乐。因此,当孩子说出一些好笑的笑话和语言,或是表现出一些有趣的动作时,别忘了给他一些掌声和鼓励,建立他的自信心,让自己和孩子轻松一下。

(3)用幽默为孩子"减压"。父母可以把日常生活中许多有趣的事情和报刊上那些耐人寻味的幽默作品记录下来,经过适当的加工再讲给孩子听。孩子在考试前会有心理压力,不妨有意识地选择一些相关的幽默故事说给他听,或是谈一些轻松幽默的话题。这样,就可以有效地给孩子"减压",轻松应考,还能培养孩子的幽默气质。

(4)在生活中培养孩子的幽默感。父母应多给孩子讲讲有趣的事,他们对发生在自己身边的趣事总是有表达的欲望,很多时候,父母都忽视了孩子表达的欲望,其实,这会阻碍孩子的发展。当孩子非常愿意表达自己对生活新奇的发现时,父母要做的就是认真倾听,并发出会心的微笑,这时,如果孩子有足够的幽默感,大人还能引导孩子编幽默故事,给课本、电影或是电视剧改编一个令人捧腹的结局。

幽默的孩子往往比较快乐和聪明,能非常轻松的学习和生活,长大后也会拥有一个彩色的人生。

第六章
学习篇:"聪明"父母重视内驱力,"糊涂"父母不断施加压力

1. 把"让他学"变成"我要学"

孩子厌学,不但使父母茫然、老师忧虑,而且会带来诸多社会问题。

厌学,几乎是大部分孩子都曾产生过的心理。在学习中,的确有许多问题与痛苦纠缠着我们的孩子。聪明的父母会懂得一步步分析孩子厌学的情绪和原因,再合理地进行下一步的诊断。

导致孩子厌学的往往是一种情绪,人称"心病",俗话说,"心病"还需"心药"医。没有很好的方法,只是一味地强迫去读书也是毫无效果的。

"聪明"父母这样做

陈娟是重点中学光明中学的一名初三学生,学习成绩不太好。她非常讨厌学习,性格不开朗,总喜欢活在自己想象的世界里。对学习了无兴趣,几度曾有退学的念头。为此她的父亲痛苦不已。

聪明父母这样做

面对孩子的这种情况，陈娟的父亲心急如焚，最后强行带着女儿找到光明中学长期从事学生心理教育的校长。校长听明来意后，先安慰这位父亲，后把陈娟请进办公室里。校长并没有和孩子谈学习上的事情，而是和孩子聊人生，聊未来，聊理想，还和她畅谈各自的爱好，以及对社会的看法。

陈娟父亲一直非常焦虑的在外面等候，他心里一直担心孩子会听不进去而无任何效果。可没想到一个多小时候过后，陈娟笑嘻嘻地和校长从办公室里走出来，校长拍了拍这位父亲的肩膀，安慰他说，"没事了。"

告别校长之后，父亲问陈娟，校长跟她说了什么。陈娟看着日夜为自己操劳的父亲，惭愧地低下了头，只说了句："爸，我要读书，我以后再也不会对您说不读书之类的话了。"父亲听后，欣喜万分，大松了口气。

几个月后，当这位父亲再次碰到校长时，他忍不住说到了这件事情。校长笑笑说："其实我也没对她说什么，我跟她说了一大堆话只是证明了'学习是我要学，而不是要我学'。"

> **点点评评：**
> 　　这位父亲并没有对陈娟这种厌学做出不理智的举动，而是找来了长期从事学生心理教育的校长，让懂心理学的校长与孩子进行沟通。校长挽救了厌学的陈娟，使之爱上学习。

"糊涂"父母那样做

重庆市曾有一名叫李琼的10岁孩子，因为厌学不想回家而情愿晚上睡在小区的楼道下面。其实李琼之前是一个非常开朗活泼的孩子，但就是有一个毛病，不爱学习。她喜欢唱歌，喜欢跳舞，还喜欢画画，就是讨厌学习，因此学习成绩也差得一塌糊涂。平时课堂上很难安心听一整节课的内容，课堂作业也是抄同学的。老师给家长打电话说，李琼这孩子太不爱学习了，在学校里总是喜欢去做一些与学习不相干的事情，成绩越来越差！

这可把父母气坏了，自己整天辛辛苦苦培养她，她居然如此辜负父母的一片苦心。两人决定软的不行来硬的，强制李琼完成父母给她的额外练习题，轮流布置与检查作业，并且还要守着她亲眼看她完成，有时候做错了题目，不免会暴力相对。

李琼再也不想再面对痛苦的学习和父母的责罚了，于是她选择了离家出走。

点点评评：

李琼不爱学习，而父母不该进行强制性的监督与责罚，并且暴力相对，这反而激起了李琼更加强烈的厌学心理。父母的暴力与强制才是真正导致李琼叛逆离家出走的根本原因。

父母指南

在教育孩子时，父母对孩子说得最多的一句话通常是："读书，才是你唯一的出路。"从这句话中就可以看出，父母都渴望孩子学习成绩好，将来有好的就业能力。因此，一旦孩子学习不好，父母教育孩子的方式就会出现误差。但是，家长们不要忘了，学习是孩子的责任，帮助孩子有效地学习却是家长的天职。

一个不爱学习的孩子说"我是个不喜欢学习的人，我喜欢自由。我讨厌学习，我感觉学习没有意思"，这样的孩子怎能把学习学好呢？

俗话好，只有爱一行你才能做好一行，只有爱上学习你才能把学习学好。一个孩子厌学，学习成绩必定好不到哪里去。当孩子厌学时，父母首先不要一味地责怪孩子，先要找出其厌学的原因，慢慢疏导，对症下药，让孩子爱上学习。

（1）给孩子减压。漫漫书山茫茫题海，各科老师的作业，同学之间的竞争，父母亲友的期望，可见，孩子的学习压力是非常之大的。

这其中，孩子为了解脱压力，很容易产生厌学的心理。这就要求在闲暇时，可以和孩子打打羽毛球，或者去郊区、游乐园散散心，给心情放个假。也可以让孩子进行自我减压，通过闭目放松、深呼吸、吃块巧克力、听音乐、跑步等方法调整情绪。

（2）老师教学方法与孩子学习兴趣是有直接联系的。当然，老师的教学方式不可能顺应每个学生的学习方法，但是父母可以跟老师进行沟通，了解老师的教学方法，再针对老师的教学方法帮助孩子改进学习方法，从而适应老师的教学风格，孩子学习起来也会更容易一些。

（3）不要只谈学习，还要谈心，谈孩子的理想和人生目标，认真听听孩子的想法，要用平等的态度。心门是可以打开的，进行人生的引导，让孩子自己悟出学习的重要性。正如上文中校长说的，"学习是我要学，而不是要我学"。

2. 不妨做一次孩子的学生

在学习教育的过程中，大多数父母习惯发号施令，而孩子则处于服从命令的地位。这就造成父母为主动的状态，而孩子却是被动的状态。其实，有时候我们不妨换位置，父母当一次孩子的学生，让孩子当一次父母的老师。相信孩子在获得主动地位后，会激发内心的求知欲，更加乐于学习。

"聪明"父母这样做

小郁是一个学习不怎么好的孩子。她学习上有一个问题，就是当天把老师讲的知识内容全部听懂了，可两三天后，老师再提问，小郁居然一问三不知，这可把小郁的父母愁死了。看着小郁每次勉强及格的成绩，父母心急如焚。有一天，父母想到了一个办法。当小郁拿着60分的英文试卷走进家门时，整个人像泄了气的皮球，一点提不起精神。

妈妈看了试卷后，并没有生气，而是拉着小郁的手，亲切地说："小郁，你英语考了60分，已经很不错了，要是妈妈考，连30分都拿不到呢。妈妈小时候英文成绩很差，现在妈妈脑子里已经记不起几个单词了，所以，从今天开始，你来当妈妈的老师好吗？教妈妈学英文。"

小郁说："不行，我又懂得不多！"

"行的，在学校老师教你什么，你回家教妈妈什么，妈妈保证能学会，怎么，你不相信妈妈呀？"

小郁看着妈妈，很奇怪的表情，说："好吧，那我就教你单词好了。"

妈妈说，"不行，你也得教日常用语啊，不然妈妈光会单词，却不会说话，你让妈妈怎么跟别人用英文交流啊！"

小郁想了想，觉得妈妈说的也有道理。于是说："好吧，老师教我啥，我回家就教你啥，再教你小段会话。"

这时，爸爸也说："爸爸小时候数学不好，代数几何什么的都是一知半解，以后你也教教爸爸吧，这样，咱们一家共同进步，好吗？"小郁看看一脸虔诚的爸爸，点头答应了。

从那以后，小郁听讲格外认真，并把老师讲的知识点全都记下来，因为家里还有两个"大"学生等着听课呢！没过多久，小郁的学习成绩突飞猛进。不到两个月的时间，小郁的成绩已在班上名列前茅了！

点点评评：

　　父母给小郁当学生，明显地调动了小郁学习的积极性。在作为学生的父母面前，也能展现出小郁对于知识的把握性和主动性。从接收到传授的过程中，小郁早已把知识内容记得滚瓜烂熟了。在这样的情况下，小郁的学习成绩也必然得到提高。小郁父母的这种做法，实在是一个明智之举。

聪明父母这样做

"糊涂"父母那样做

冰冰是个好奇心很强的孩子，她最喜欢学的一门课是自然课。每天津津乐道地听着老师给他们讲天上飞的鸟儿，海里游的鱼，山上的动物，都令她感觉非常愉快。今天冰冰又学到一个新知识，这个知识令她震撼，老师说，世界上还有一个海，不会游泳的人也可以走上去，却不会被淹死，它叫死海。冰冰觉得太不可思议了，并牢牢地记住了死海。她兴高采烈的猜想妈妈这下肯定不知道，世界上居然还有一个海，人是可以在上面走路却不会淹死的。

冰冰回家后，放下书包，兴致勃勃地跑到正在炒菜的妈妈身边，胸有成竹地说："我今天学到了一个知识，是你绝对不知道的。"

妈妈边炒菜边不耐烦地说："什么事，快说，我没有太多时间搭理你。"

"妈妈，你觉得世界上有没有哪一个海，人是可以在上面走路却不会被淹死的？"

妈妈觉得这完全是个小儿科的问题，不耐烦地答道："这么简单的题，妈妈当然知道了。"

冰冰觉得被泼了一盆冷水，热情瞬间被浇灭。但她还是狐疑地问："那妈妈知道是哪个海吗？"在心里，冰冰还是希望妈妈不知道。

因为炒菜声音响，妈妈转过头来，朝着冰冰大声喊道："死海！"

原来妈妈什么都知道！冰冰顿时像泄了气的皮球，对这些知识已经没有半点兴致了。

点点评评：

冰冰好不容易学到一个难得的知识要来考考妈妈，妈妈却以一个什么都知道的"百科全书"身份扑灭了冰冰身上的那份求知激情。其实这时妈妈如果假装不知道，更能激起冰冰求知的欲望，就不会出现对知识没有兴致的情况了。

父母指南

有的孩子学习出现了问题，父母就给孩子请家教，让孩子上补习班，通过一系列的方法来拯救孩子的成绩，但是效果却不是很好。有的孩子因为有家教，所以产生一定的依赖性，在课堂上反而不认真听讲，使得成绩也很难上去。这些方法不管从哪方面看，都让孩子的学习处于被动的状态。

俗话说，主动为积极，被动为消极，主动获得成功，被动走向失败！所以，我们要看到孩子主动学习知识的状态，主动在知识的世界里遨游。其实这种方法并不难，那就是让孩子当自己的老师。

（1）父母可以每天或者隔两天，当一回孩子的学生，让孩子把这几天学到的知识给自己讲一遍，这样能使孩子对知识点有温故的作用，子曰：温故而知新嘛！

让孩子给自己当老师，对孩子的好处很多，不仅能激发孩子的求知欲，还会使孩子产生极大的好奇心和强大的内驱力，而且学到了老师上课时的直接经验，又巩固了所学的知识，还锻炼了孩子的组织能力和口头表达能力。

（2）让孩子当父母的老师，孩子出现不懂的问题，父母不要直接告诉他们方法与答案，要与孩子一起进行讨论，这样也利于培养孩子的思考力与创新力。

（3）父母要经常鼓励孩子，大胆地表现、表达自己，让孩子在主动求知的过程中体验快乐，感受成功。

聪明父母这样做

3. 别把分数视为"命根子"

作为父母，都有个共同的心理，那就是望子成龙，望女成凤。每个父母巴不得自己的孩子今后有出息，巴不得孩子学业一路畅通考大学，读硕士，成为博士后，让孩子成为众多人中的佼佼者。其实这些愿望本无错，但是，把孩子从小考试的分数当成了出息的"命根子"，而使出不当的教育方式，反而会适得其反。

"聪明"父母这样做

琼瑶，中国当代著名作家、编剧、影视制作人，她一生创作了六十多部小说，而且部部经典。如今的琼瑶，且看她的作品，要多智慧有多智慧。其实小时候琼瑶也有一些不为多数人知的故事。琼瑶读中学那会，除了国文成绩在班上第一名外，其数理化成绩一塌糊涂。有一次语文94分，数学49分。这数学49已经算是好的了，甚至更多的时候数理化不到49分，都在20分上下。琼瑶也曾经哭着说，我不要上学了，再也不要考试了！但是琼瑶的父母都是知识分子，并没有因其分数而轻视她。她的母亲是一个非常有智慧的女人，虽然她很看重琼瑶的理科分数，但是她知道孩子的学习是靠天赋的。父亲更是一位通情达理之人，从此更多的是在文化修养上给予琼瑶熏陶，最终造就了一个伟大作家的诞生。

点点评评：

　　分数不是孩子的唯一，分数低更不能代表孩子的智商低。小时候的琼瑶几乎是一个数理化的低能儿。但是父母并没有把这些看得很重，而是体谅她和鼓励她，发现孩子的语文天赋，从而使之在这一方面得到发展。

"糊涂"父母那样做

　　莹莹是个文静的女孩，她以优异的成绩考入市重点中学。而开心的日子没有过多久，莹莹便发现原来重点中学的学生个个都是出类拔萃的，老师们讲解的都是偏难的东西，这让莹莹觉得前所未有的"吃力"。

　　终于她非常恐惧的考试来了，在考试之前，爸爸就下令了，只要低于90分就别来见我。考完试，以往在普通学校非常自信的莹莹，这次却没有了把握。几天之后结果出来，看着分数莹莹哭了，数学和英语都没有达到90分，这叫她回去如何交差。想想以往粗暴的父亲和母亲责骂的声音，站在家门口，她徘徊了很久。果然，父亲看了莹莹的试卷，扬手就是一巴掌，母亲在旁边哭天喊地，说我辛辛苦苦养了这么个没出息的女儿。莹莹委屈极了，忍着身心的伤痛，晚饭也没吃，就睡觉了。第二天照样上学，只是从此之后沉默寡言，但学习更刻苦了。

　　令她最担心的期终考试来了，这是父母最重视的，依自己目前的实力和考试的难度，90分是肯定考不上的。在恍惚中考完试，莹莹在等待考试的结果，果然如其所料，这次成绩比上次更糟糕，四科中没有一科达到80分。莹莹的心情一瞬间爆到了冰点，为了逃避父亲的毒打和母亲灼灼逼人的责骂，她离家出走了，再也不要担心考试，也不用再为分数恐惧。两年后，莹莹回来了，一身社会青年的打扮，让父母痛心疾首，后悔不已……

聪明父母这样做

点点评评：

　　早知如此何必当初。莹莹的父母重视孩子的分数是正确的，但过于重视使孩子惨遭毒打与辱骂，从而导致孩子难以忍受心灵上的耻辱和身体上的疼痛，也不愿再接受父母的这种"暴力"来提高自己的分数，从而使自己产生了扭曲的心理，走向了极端的道路。

父母指南

　　巴尔扎克曾经这样说过："不让分数控制前途的人才是强者。"成绩高并不能够代表以后就会有出息，分数低的学生也并不一定以后就没有出息！

　　目前中国的绝大多数家庭对于子女的教育是分数教育，这也是家庭为应对当代中国应试教育所产生的家庭教育方针，其实仔细想想，我们的父母完全没有必要这样做。纵观天下名人，有很多都是小时候学习成绩一般，而长大后照样有出息。首先要提醒各位父母，不要以成绩分数来计算孩子的未来。当孩子的分数不理想时，我们要做得更多的是给孩子分析、讲解，找出孩子成绩不理想的原因。如果孩子确实努力了，让孩子在别的方面得到训练也是一条可以发展的路。

　　过于重视孩子分数一直是我们教育中最让人忧虑的问题。有一位妈妈辞去发展前途很好的工作，回家当全职妈妈，她说："我辞职回家的主要目的就是为了让我的孩子的分数提高，我辞职的价值就在于提高我孩子分数的价值。"诚然，这种做法是出于对孩子的爱，但这是极端的。如果孩子的分数没有上去，后果会是怎样？

　　有一个父亲对孩子说，你成绩好有什么用，分数高又怎么样，看到老师叫都不叫一声，没有礼貌，对待同学也不会友好相处。而这时孩子的妈妈在一旁听了连忙反驳说，那又怎样，只要咱孩子成绩好，考的分数高，其他的问题都是次要的。这位母亲的说法是非常错误的，培养孩子最好的方式就是从各个方面抓起。

分数不能代表一切，孩子的未来不是靠分数决定的。

4. 合理运用网络

现代社会是一个信息飞速发展的社会，网络是信息高速公路上的一列快车，它带着我们奔向一个无限广阔的世界。人们的生活与工作，已经不能没有网络了。但是我们在享受网络便捷的同时，也感受到其中的危机四伏。游戏、色情、网聊、与网友见面，等等这些引发的刑事案件也是有目共睹的。

因此，我们的父母谈"网"色变，一说到网络就忧心忡忡，有的父母干脆就直接把网络关了，把电脑砸了，目的就是不让孩子上网。其实不然，网络是把双刃剑，有弊也有利，只看父母怎么引导孩子去上网，正确的引导方式便能使孩子学到更多的东西。

"聪明"父母这样做

香香家买了一台电脑，每天只看到爸爸在电脑的键盘上打呀打呀，在鼠标上点呀点呀。香香也会玩，因为她在学校已经上了几节电脑课。爸爸不在家，她也经常坐到电脑旁边，刚开始，她只会玩游戏。有次爸爸回来，看到香香聚精会神的玩游戏，爸爸不动声色，也没有禁止她继续玩，而是走开了，其实爸爸是去想办法了。

过了一会，爸爸想到了一个办法，那就是转移兴趣。第二天，爸爸叫香香拿来教科书，随便翻到了一篇语文课文，在百度上打了课文的名字，就在一瞬间，这篇书上的课文，关于所有的注解都在电脑屏幕上一下子显示出来，这让香香感觉神奇极了，并且想自己尝试。

聪明父母这样做

从那以后，香香每晚都会在电脑上预习第二天要学习的内容，学习成绩突飞猛进。香香喜欢阅读，就会经常在网上翻阅文学作品如饥似渴地阅读。香香喜欢写故事，爸爸就给她建了一个博客。香香的文笔不错，还经常得到博友的夸赞，这使香香越来越爱写作，还代表学校参加市区的作文比赛呢！这可都是网络的功劳啊！

> **点点评评：**
>
> 香香的爸爸，并没有让香香远离网络，而是正确的引导孩子上网，网络上的知识丰富了香香课本里的不足，使香香的学习成绩有了很大的提高。爸爸更是引导香香运用网络的庞大力量，丰富了香香的视野，使香香学习到的东西越来越多。

"糊涂"父母那样做

月月是一个非常聪明的孩子，这次其中考试又考了全班第一名。在同学的眼中，月月不仅只是功课好，还是一个知识面丰富的孩子。很多同学都羡慕她能有一个那么聪明的脑袋。其实啊，月月懂得很多东西的秘密就是家里有一台电脑。

月月的父母是不赞成月月上网的。月月便等父母不在家的时候，偷偷上网查东西，她还有QQ，QQ里有很多知心的大哥哥和大姐姐们，月月经常把自己的秘密和烦恼告诉网上的大哥哥大姐姐们。一般情况下，月月都能从他们那里得到一些不同的人生观，使月月的思想也成熟了不少。

有一次，月月趁父母不在家，又偷偷地上网，可是等月月和一个网友聊得正起劲的时候，正好被刚回家的妈妈撞见了。妈妈看见后，二话没说，"啪"的一声，无情地将电脑的插座拔了下来，并且严肃的告诫月月，从现在开始，任何时候都不准上网，下次再发现你上网我就打断你的手！

正聊得起劲的月月心里怨恨妈妈太不讲道理了。从那以后，月月就不敢再上网了,想看的书和想知道的知识也不能立刻获得,遇到烦闷的心事,都压抑在心中,也不能向知心哥哥和姐姐们请教了。有一次,她偷偷地跑去网吧,不料被妈妈发现了,妈妈打了月月一记耳光。一连几个星期,月月都没有理妈妈,令妈妈非常难过。

点点评评:

月月懂得多,正是因为庞大的网络力量增长了月月的见识,而妈妈却一直阻止月月上网,这明显对月月的成长是一种阻碍,也是妈妈对网络这个工具一种错误的理解。月月去网吧,妈妈更不应该给她一记耳光,妈妈应该给予适当的理解,告诉她网吧是一个危险的地方。她这样一耳光打过去,让月月感到无比的委屈,从心底里也会渐渐地恨妈妈。这使妈妈后悔莫及。

父母指南

现在已经进入一个快速发展的网络时代,不懂网络的人会被这个社会淘汰的。所以,首先请各位父母要适当地让孩子了解网络,这也是孩子必须学习的一项课程。

俗话说,网络是把双刃剑,但是这把剑,是当今社会人必须拿起的。会用这把剑的人,就能从中获得更多的知识,甚至获得更多的人生成就;而不会用这把剑的人,只会让自己手中的剑,到最后伤了自己。所以,父母教育孩子上网,正确运用网络,是义不容辞的责任。

(1)让孩子在家中上网,最好不要出入网吧。当孩子年龄比较小的时候,父母进行监督是有必要的。有时间可以陪孩子一起上网,一起看电影,一起玩游戏,这样促进孩子与父母之间像朋友那种无拘无束的关系,以免孩子有一些东西瞒住父母。

(2)规定孩子的上网时间。毕竟孩子的任务还是功课和学习。规定孩子上网的时间,他就不会把太多的时间花费在漫无目的地浏览网页上了，而是变得明确，抓紧时间查找资料，发邮件，看新闻等。

（3）教孩子保护自己的隐私。网络是虚拟的，社会是复杂的，网上好人与坏人都有，但是我们无法分辨出来，骗财骗色的都有，父母不仅要教育孩子保护好自己的隐私，还要告诉孩子不要轻信别人说的话，让孩子遇到问题随时可以询问家长、老师。

（4）网络上人员复杂，让孩子找志趣相投的人聊天，这样也利于孩子的兴趣发展。有条件的情况下，也可以让孩子用英语聊天，可以促进孩子的英文水平，这也是学习外语的一个好方法。

（5）慎见网友。当今社会，孩子私见网友而发生的一些悲剧是有目共睹的。虚拟网络中真实的东西是有，但是不多。虚假的东西让我们防不胜防，孩子要见网友，父母一定要关注孩子，让孩子谨慎做出这样的决定。

在这个知识爆炸的时代，网络是一部最好的知识储存器，聪明的父母就应该正确的教孩子，把电脑当成一位可敬的老师，或者一位可亲的朋友，提高自己的见识。相信孩子通过丰富的网络，能够吸收到的东西越多，成长得也就越来越快。

5. 找到适合的学习方法

有了正确的学习方法，就能提高学习效率，不仅能够节省时间，而且还能够更深刻地理解和把握所学的知识。

"聪明"父母这样做

小伟是班里的学习尖子，学习成绩一直名列前茅。在紧张、辛苦的高中阶段，他也能在书山题海中应对自如，学习高效而灵活。为此，小伟的班主任经常让他在班会上介绍学习经验，小伟成了很多同学学习的榜样。这一切主要得益于做教师的爸爸对小伟有效的学习指导。

从小伟上小学开始，爸爸就一直教育他要把握好学习过程的每一个环节，提高每一个环节的学习效率，预习——听讲——复习——作业——总结——考试，每一个环节小伟都会用心去做。爸爸还教给小伟许多完成每个环节的方法和技巧。

首先是预习，这是小伟学习的第一步，特别是上了中学，课程内容增多、难度也加大，课前预习更成为必不可少的一步。在爸爸的教育引导下，小伟逐渐养成了良好的课前预习习惯，他通过预习还掌握了许多学习和阅读上的窍门。在每上一节课之前，或者是在前一天晚上，小伟都会拿出10—20分钟的时间把第二天老师要讲的内容从头至尾看一遍或两遍，用"？""∥""△"等符号标出课本中的疑点、重点、难点等内容，在书的空白部分写上自己的思考。用他的话说"课前预习就像比赛前的一场预演，会让我在比赛时得心应手"。

做到了较好的预习，小伟在课堂上听课时就很得心应手。老师讲课的思路与他预习时的思路不一致的时候，他就会有一种豁然开朗的感觉；他预习时掌握好的地方，听老师讲一遍就会更加深记忆；预习时掌握不好的地方，他会非常认真地听老师讲，这样也大多能很容易地听懂老师所讲的内容；对于那些重点、难点等内容，因为事先有过一定的印象，老师讲过之后，小伟也能很清晰地记在脑子里。这样，听课的效率就大大提高了，每节课上老师所讲的内容小伟基本上都能当堂消化。

听课效率提高了，小伟在做作业以及复习的时候也自然容易多了，这无形中还增强了小伟学习的自信心。此外，虽然小伟在预习上花费了比别人多的时间，但因学习各环节效率高，他仍能够腾出比别人多的时间阅读课外书，做自己喜欢做的事情。

在这些环节学习之外，小伟还注意做好学习总结，在学完一个单元、一册书以及每一次考试之后，小伟都要认真地做一次总结，学习方法、学习过程以及知识点，他都会认真地分析总结，并将知识纵向、横向联系，在头脑中形成稳固而清晰的知识网络。

聪明父母这样做

正因为小伟每一个学习环节都把握得很好，他学习高效，成绩优异也就不难理解了。

> **点点评评：**
> 小伟的爸爸在小伟很小的时候就教给他利用学习方法来提高学习效率，给他制定了一套非常有效的计划，这让小伟在以后的学习中受益匪浅。

"糊涂"父母那样做

杰亮今年15岁，上初中三年级。父母把一堆参考书和试卷堆到他眼前，每天让他昏天黑地的学习，甚至连周末也不让出去玩了。还总说邻居家的明明去年就是在这样的题海战术中考上重点高中的，现在学习也一直那么好。

可妈妈的话让杰亮听不进去，他现在看到试题就烦，脑子累得连个弯都不会转了，很多题平时明明会，现在反而不会了。

> **点点评评：**
> 杰亮的妈妈让杰亮昏天黑地的学习，脑子不能得到好好休息，这样怎么会有效率呢。

父母指南

提高孩子的学习效率，不仅能够让他轻松掌握知识，也有助于提高他们的学习成绩，从某种程度上说，优秀的学生和优良的学习方法是分不开的。所以，父母应该对孩子多加引导，从各个方面帮助孩子找到学习方法，提高学习效率。

如果说学习是一条漫长的路，那么学习方法就是穿在脚上的鞋，穿上合脚的鞋才能走得更远，更稳。

　　生活中，有很多父母看到别人的孩子学习好，就会去讨教人家所用的教育方式和学习方法，而事实上，适合别人的，不一定就会适合自己的孩子。

　　就如同自行车、电动车、汽车、火车是我们到达目的地很好的交通工具一样，好的学习方法不仅能使我们轻松地驾驭所学的知识，在学习的路上也走得快而稳，还能使学习过程轻松而有趣。所以，父母努力教给孩子一些科学的学习方法，就是送给他在学习路上前进更快、更好的快速交通工具，教孩子把握好学习的每一环节。

　　对于怎样给自己的孩子选一个合适的学习方法，父母不妨参考以下建议：

　　（1）让孩子学会复习。有些孩子凭借自己记忆力好，在课下不肯花工夫，只听老师课上讲的那些内容，这样做是不对的。小学乃至初中前半阶段，知识点虽然浅显但是较为繁杂，所以父母应该让孩子学会复习，使这些知识得到很好的理解和掌握。

　　（2）让孩子学会将目标细化、分解。一明今年10岁，上小学三年级。在今年，他开始学习英语。一天放学回家，一明心情很不好地对爸爸说："英语老师留的作业太多了，他今天让我们必须背会10个单词，这么多单词，哪能一下子背得会啊。"爸爸笑着说："爸爸给你想个好办法，你想不想听听。"一明点了点头。爸爸说："一会儿你先背3个单词，等背会了就看动画片；动画片看完了再背3个，然后咱们一起吃饭；等吃完饭，你再把最后4个背会，让爸爸考你一下。"一明按照爸爸说的去做，果然轻轻松松地把10个单词都背会了，等第二天老师测验检查，一明是全班唯一一没有出错的学生。

　　孩子的年龄小，当学习任务较为繁重的时候，他们很容易产生烦躁、不愿意学习的情绪。这时，父母应该教会他们把学习任务进行细化、分解，然后再逐一攻破。这样，孩子就不会感到太大的心理压力，并且在完成每个小任务时还会获得成就感，从而能够轻轻松松地把那些繁重的学习任务完成了。

　　（3）鼓励孩子在学习方法上进行尝试和创新。没有尝试和创新，孩子永远找不到最适合自己的学习方法。因此，父母应该对孩子的探索报以鼓励。这样的好处，是能让孩子根据自己的实际情况，来主动寻找最有效的学习方法，克服困难，取得最大的成功。

（4）帮助孩子分析各种学习方法的利弊。孩子对自己的认识往往不够全面，在学习方法的选择上，也需要父母的帮助。父母可以心平气和地提出自己的意见，允许孩子自己去尝试。当事实证明自己对了，不要去批评孩子；当事实证明孩子对了，要真心地为孩子祝贺。

（5）帮助孩子认识自己。父母应该细心观察，看自己的孩子适合什么样的学习方式，并把自己的看法随时和孩子沟通。这样能帮孩子更好地认识自己，从而选择最适合自己的学习方法。

（6）引导孩子尝试新的学习方法。当孩子的学习出现问题，父母可以向孩子推荐新的学习方法，并详细讲明自己的理由。在孩子尝试的过程中，父母要多交流，及时发现问题，提出自己的意见供孩子参考。

（7）帮助孩子认识学习方法上的问题。当孩子出现成绩下降，首先要和孩子共同讨论，在学习方法上是否存在可以改进的地方，如何改进能取得更好的效果。这样能帮助孩子摆脱成绩下降带来的心理阴影，重新建立起孩子的自信心。

（8）陪孩子一起寻找更好的学习方法。当原有的学习方法不适合新的学习内容时，父母可以陪孩子一起探索，共同寻找更好的学习方法。这个过程能加深双方的感情，也能提高孩子的上进心。寻找和探索的时候，要以学习效果为首要的考虑因素。

6. 引导孩子主动去学习

主动学习是一种非常好的学习习惯，对于孩子提高成绩有非常大的帮助。

"聪明"父母这样做

有一天，10岁的孩子端端放学后又津津有味地看起了动画片。当时爸爸看到后很生气，本想批评他几句，但是最后忍住了。他对孩子说："儿子，爸爸以后不会提醒你写作业了，妈妈也不会在你写作业时监督你了，你可要学会自己管理自己啊。"孩子一边看动画片一边答应着。爸爸本以为这样做没有效果，但是那天他发现，端端在没有提醒的情况下就自己去写作业了，而且写得还非常认真。从那以后，爸爸和妈妈都不再提醒、监督他，但是端端一直做得非常好，每天都能认认真真把作业做完，成绩也有了很大的提高。

点点评评：

端端的爸爸让端端自己来管理自己，让端端知道学习是他自己的事，别人不会管他，这时端端就会真的把学习当成自己的事来做，就会自主学习了。

聪明父母这样做

"糊涂"父母那样做

张祥今年9岁了,是个非常贪玩的小孩子。每天放学,他把书包一放,马上津津有味地去看电视。每次父母都要提醒他两三次,他才极不情愿地去写作业。为了防止他在写作业时不认真,也担心他遇到不会的问题,孩子每次写作业时,父母都坐在他旁边,直到他把作业写完才离开。尽管如此,张祥坐在那里仍然不爱学习,一会儿看看这儿,一会儿看看那儿,他写一次作业,不知要挨父母多少骂,可就是改不了。

> **点点评评:**
> 张祥的父母整天看着孩子写作业,这让张祥有了依赖性,他觉得:自己写不完或者忘了写都不要紧,反正有父母会催我呢。有了这样的想法,还会自主学习吗?

父母指南

在现实生活中,很多父母为了提高孩子的成绩,尽心尽力地做起了"家庭教师",甚至比学校的老师还要负责任:孩子放学回来,准时提醒他们写作业;孩子写作业的时候,寸步不离地守在孩子身旁;如果孩子有了问题,则耐心而又详尽地进行解答;等孩子把作业写完,还要替他仔仔细细地检查一遍。

对于父母这样的做法,孩子是非常欢迎的。一方面,他们遇到问题可以直接问父母,省去了思考的麻烦;另一方面,有父母替他们检查作业,他们就能轻而易举地拿100分。但是,这对他们学习成绩的提高是没有好处的,因为常常接受父母的帮助,孩子在学习上对父母的依赖性变强了,思考能力以及纠错能力无法得到提高。等到考试时,考试成绩自然上不去。所以,我们应该培养孩子自主学习的能力。这样，他们才能主动地去学，并且全身心地投入。

想要培养孩子主动学习的习惯，父母可以从以下几点做起：

（1）信任自己的孩子。如果父母老是提醒孩子说："现在7点了，快点儿写作业吧。"再或者说："你作业都会写吗？用我帮助吗？"这样做，会让孩子产生依赖心理，最后离开父母就不会学习了。

（2）不做孩子学习上的"监工"。在学习方面，父母对孩子看管得越严，孩子越不容易养成主动学习的习惯，而且还会渐渐对父母产生依赖性。所以，在学习方面，父母要给孩子留有一定的自由空间。

一位母亲曾经这样谈到自己的育儿经验：

我孩子今年开始上一年级，刚上学的几天，孩子常常"缠"着我："妈妈，你陪我一起写作业吧。"有时候还会对我说："妈妈，这道题我不会做，你快点儿教教我。"我对孩子说："妈妈可以陪你写几天，但一周后妈妈就不陪你了，因为你已经适应学校的生活了。"过了一周，我不再陪孩子写作业，尽管孩子有些不情愿，但我还是坚持了自己的做法，并且鼓励孩子说："儿子长大了，不用妈妈陪了，妈妈相信你能把作业做好。"有了我的鼓励，孩子不再让我陪他写作业，并且每次都能认认真真地把作业做好。

（3）和孩子一起制订学习计划。孩子的年龄小，难免管不住自己，这也是很多父母对他们不放心的原因。所以，我们应该为孩子制订一份学习计划（如果孩子年龄大了，可以让他们自己制订），这样，孩子就有了明确的学习目标，成绩受干扰的因素也就大大减少了。

在制订学习计划方面，父母应该遵循以下几个原则：第一，这份学习计划要和孩子一同制订，不能把自己的想法和意愿强加给孩子。第二，学习量要适中，给孩子留出玩的时间。第三，安排好常规学习时间和自由学习时间。常规学习时间主要用来完成老师留的作业，自由学习时间用来预习或者复习。第四，将目标分解，减轻孩子的学习压力。例如让孩子背英语单词，如果一下子让他背四五十个他肯定记不住，压力也会非常大，父母可以让他早晨背几个，中午背几个，晚上背几个，这样孩子的压力就不大了，天长日久，单词掌握量肯定也会提高的。

（4）让孩子看到学习上的进步。当一个人在学习或工作上取得成绩时，会自然地产生一种喜悦的心情，得到莫大的乐趣，更热爱学习和工作。成人是这样，孩子更是这样。

有一对中年夫妇不管工作和家务多忙，每天都要对孩子的作业仔细检查两遍，把孩子的学习情况做出简要纪录，并把孩子做过的作业收藏起来，过一段时间就拿出来让孩子比较一下，经常告诉孩子学习上有哪些进步，还有那些不足。这样，孩子对自己的情况心里有数，就会信心足，动力强。

（5）适当向依赖性强的孩子"示弱"。萌飞在学习方面非常依赖妈妈。每次写作业，只要一遇到难题，他就会对妈妈说："妈妈，这道题我不会，你给我讲讲吧。"因为常常不思考，他的成绩非常不好。后来妈妈认识到了这一点，等到萌飞再向她问问题时，她会把题目看一遍，然后对孩子说："这道题妈妈也不会做，还是你自己想一下吧。"萌飞没了办法，只能自己去想，慢慢地，对妈妈也不那么依赖了。

如果孩子依赖性非常强，父母要学会向孩子"示弱"，表示自己也爱莫能助。这样，孩子失去了"靠山"，他们就会自己努力去学习了，也能慢慢培养主动学习的好习惯。

第七章

沟通篇："聪明"父母擅长与孩子沟通，"糊涂"父母与孩子沟通有障碍

1. 批评时对事不对人

孩子犯错，父母应心平气和地启发孩子，不直接批评他的过失，孩子会很快明白父母的用意，愿意接受父母的批评和教育，而且这样做也保护了孩子的自尊心。

"聪明"父母这样做

悦悦和表弟在家里蹦蹦跳跳地玩耍，悦悦还光着脚上了卫生间，之后又返身跳到了床上，洁白的床单上立即留下了两个黑乎乎的脚印。妈妈当时气坏了，真想打她两巴掌，又怕伤着她。

妈妈将床单拿到卫生间，平静了一下心情，生气地对悦悦说："悦悦，你又犯错误了，知道吗？"

悦悦瞄了一眼脏兮兮的床单，小声说："妈妈，我错了。"

"你每次都说知错了，怎么还老是重复犯错呢？妈妈今天要罚你，你必须自己把床单洗干净，才能牢牢记住今天的教训。"妈妈很

聪明父母这样做

生气。

悦悦噙着眼泪用一双小手卖力地搓着床单,妈妈在旁边默默地看着,趁机问她:"累不累?"

"累!"悦悦小声回答。

"妈妈每天洗衣服都是这么累,你感受到了吗?"妈妈说。

悦悦涨红了脸,"哇"的一声哭起来说:"妈妈,我真的知道错了,我这么胡闹给妈妈增加了很多麻烦,以后再也不这么做了。"

从那以后,悦悦做事开始懂得考虑后果了,妈妈也省心多了。

> **点点评评:**
>
> 妈妈采取了劳动惩罚,用"剥夺玩耍+付出劳动"的方式,针对孩子所犯的错误进行提醒,使孩子自己意识到日后要避免再犯。妈妈采取的这种加深印象的方式,让孩子自己承担犯错的后果,从而推己及人,认识错误,是一种不错的教育方式。

"糊涂"父母那样做

晚上十点多,已经到了睡觉时间,瑶瑶却一直闹腾着要吃烤肉串。妈妈忙了一天又累又困,不可能连夜为她出门找烤肉串去。可任凭妈妈怎样连哄带劝,孩子就是不肯罢休,最后赖在地上撒野打起滚来。

妈妈火了,拉过瑶瑶就是重重的两巴掌。为了表示惩罚,妈妈还将她反锁在卧室里,让她好好反省。

瑶瑶尖叫起来:"你怎么老是这样啊,就知道打人。"

过了半小时,妈妈从门缝里偷偷瞄瑶瑶,一看简直肺都气炸了:瑶瑶把作业本撕得满屋都是,小床也翻得乱七八糟的,自己披头散发地坐在地上。

妈妈冲进去,拉起瑶瑶一阵怒吼:"当初要知道你这样不听话,还不如不要你!"

瑶瑶红着眼和妈妈怒目相视，丝毫不嘴软："你还不是只会发火打人，我为什么就不能生气？"

妈妈气得浑身发抖，扬起的手硬是没有打下去。

打、骂、说狠话吓唬，什么惩罚妈妈都试过了，可瑶瑶根本就不当回事。她才6岁啊，就这么难管教，以后长大了该怎么办？妈妈好无奈。

点点评评：

妈妈采取了口头惩罚、身体惩罚及精神惩罚的方式，打骂、关禁闭……但是都并不是针对孩子所犯的错误。孩子由此衍生的逆反情绪掩蔽了反思和认错的空间。妈妈错在打骂后没有安抚情绪和帮助改正，反将情绪激动的把孩子锁在屋中，这不但激化了矛盾，还加深了孩子的不满和委屈。

父母指南

孩子有了过失，父母往往以成人的标准来衡量孩子，小题大做，大发脾气，批评孩子不是对事不对人，而是用简单的否定、粗暴的训斥、讽刺来对待孩子，如"你真是笨，一辈子没有出息"，"现在就学会了撒谎，长大后不知道成什么样子"。殊不知，这类消极暗示的语言最伤孩子的自尊心，很容易使孩子变得对任何事情都无所谓，甚至自暴自弃，不思进取。有的父母养成了随口批评、责骂孩子的习惯，不着重说明孩子的过错在哪里，也不分析过错的原因，只顾发泄自己的情绪，并且将孩子以往的所有错误重新数落一遍，引起孩子反感。长此以往，孩子必然把父母的批评责骂当作耳边风，视而不见，听而不闻。

无论什么人，受激励而改过，是很容易的；受责骂而改过，比较而言是不大容易的。小孩子尤其喜欢听好话，不喜欢听恶言。大多数做父母的看见小孩子玩肮脏的东西，第一反应就是批评，而且还要骂他、打他。结果，小孩子改过的少，怨恨父母的多；即使不怨恨父母，至少也不喜欢父母了！

父母在批评孩子时，一定要就事论事，恰如其分，对孩子有全面的认识和评价，既要看到孩子的过错，又要看到孩子的优点长处，同时要保护孩子的自尊心与自信心，向孩子解释为什么受到批评，如何改正。这不仅可以避免冲突和怄气，而且对孩子的心理健康也十分重要。

在生活中，有时大人也会出现这样那样的过失，更何况是不谙世事的孩子。因此，面对孩子的过失，父母要学会制怒，以一颗平常心来对待，把它看作是正常现象，是孩子成长中不可避免的。父母应该心平气和地给孩子讲道理，帮助孩子分析过失所在，并指出改正的办法。如果父母能包容孩子的过失，那么孩子也会学会包容他人。否则的话，有可能让孩子养成用"武力"解决问题的行为。

2. 给予更多的鼓励和启发

每个孩子都有一个等待开发的聪慧小脑袋，他们期待着自己的父母，能够发掘和培养自己的潜能。

一个孩子的成长，总是不断地在新事务中认识这个世界，挑战自己。在这个过程中难免遭遇挫折，这时候孩子最需要的就是父母的鼓励，有了父母的鼓励和启发，他才能正确地在人生轨道上行走的更加稳定和成熟。

"聪明"父母这样做

艾肯是英国的著名作家。在她8岁的时候，父母离异，她跟着母亲一起生活。艾肯的母亲出身于书香门第，是一个很有文学修养的女子，她很希望艾肯能成才，但是令她失望的是艾肯的学习成绩一直不理想。

偶尔有一次，妈妈发现小艾肯很喜欢看戏剧，而且经常拿着她平时读的文学作品认真阅读。所以母亲开始培养艾肯在文学艺术方面的才能。

艾肯首先学习的是诗歌，在那里她结识了当地一位著名的诗人。在诗人的指导下，艾肯的诗作进步很快。可不幸的是，他们结识还不到一年，这位诗人就因病离开了人世。艾肯不得不放弃诗歌创作，在母亲的鼓励和启发下，开始了小说创作。

艾肯开始尝试着给报纸和杂志投稿，不是被退回来就是杳无音信，但是母亲一直在鼓励她。当她遇到纳闷的难题，母亲也会在旁边启发她，积极并努力配合她创作时的一些需要，有时候还为她寻找创作素材。

艾肯28岁时，她的一部小说被一家出版社看中，得以顺利出版。书出版后，很快就引起了文坛轰动，艾肯也一举成名了。

点点评评：

一个人的潜力一般是在孩童时期就可以表现出来。艾肯的母亲不仅发现了女儿身上的这股潜力，还用心培养，给予她更多的指点和照顾。可以说，艾肯长大后取得的成绩，离不开母亲的鼓励和启发。

"糊涂"父母那样做

楠楠是某小学五年级的学生。楠楠从小就在文艺方面表现出众，她是校广播站的站长，每年学校的文艺联欢会的主持人也是她，这一点楠楠很像她的妈妈。楠楠的妈妈是一名新闻工作者，所以楠楠的梦想就是长大后做一名像妈妈那样的无冕之王。

聪明父母这样做

可是，这段时间楠楠却总是垂头丧气地坐在自己的座位上，任伙伴们怎么叫她，她都不出去玩。还时不时地盯着窗外愣半天，失落的神情写满脸上。

原来啊，前不久，楠楠为了她心中的那个记者梦，私底下号召几个要好的同学去作一个科学小调查，之后还花了好几个晚上的时间写出来一个有模有样的调查报告。当她自豪的把调查报告拿给妈妈看的时候，本以为会受到妈妈的表扬，没想到妈妈看过之后却说："观察不全面，写作方式错了，语法一半是错误，这是什么狗屁不通的文章！谁叫你去做这些的？你的任务就是给我好好念书写字，你也干不了这个！"

妈妈的话就像一盆冷水，毫不留情地将楠楠满腔热情一瞬之间泼灭了。现在的她，就像泄了气的皮球，没有一点朝气，对于学校举办的一些文艺活动也没有兴趣参加，短短的时间内，她就像变了一个人一样！

点点评评：

楠楠才是五年级的学生，就能带领伙伴们完成一个小型的社会科学调查，花了几个晚上精心完成了调查报告。但楠楠的妈妈却不顾孩子的感受，当场浇来了一瓢冷水，浇灭了楠楠心中的那份热情，更是被妈妈那句"狗屁不通"说得一文不值，让楠楠大受打击。

父母指南

可以说，每个人身上都有着一股潜力，成功的人恰恰就是这股潜力被开发了，所以比别人成功。

中国有句古话叫作"气可鼓，不可泄"，对于孩子，父母也只可鼓气，不可泄气。鼓励是一种令人振奋的精神药剂，孩子只有受到老师和父母的鼓励，才有勇气从失败中爬起来，在有一点成功的时候，他才能做出更大胆的尝试，在尝试中去成长。也只有在大胆尝试中才能把自己的智慧展现得淋漓尽致！

当然，孩子必定有很多事情不懂，或者不规范，父母的指导是必需的。只有在父母的正确引导下，孩子才会在第二次或者第三次做得更好。

然而，对于引导这个问题也有父母持不同的意见，有的父母会认为，孩子年纪还小，因此不需要那么早就对他们进行启发。其实不然，有专家认为，孩子在3岁前的智力就达到了成年人智力的50%~60%。因此父母对孩子的引导和启发，越早越好，这样孩子才不会走很多弯路。在父母的引导中，相信我们的孩子，会一次比一次表现得更出色。

3. 学会向孩子倾诉

"大人说话，小孩子别插嘴。"这句话通常成为父母批评孩子的口头禅，这个观点并不完全正确。

孩子天生就是个交际家，他们喜欢倾诉，也喜欢别人向他们倾诉，他们总喜欢在相互的倾诉中，拉近彼此的距离，更多的是，给予自己人生的思考。作为父母，就应该把孩子作为自己的倾诉对象，从而也可以让孩子思考更多的人生道理。

"聪明"父母这样做

小迪已经小学三年级了。每天放学时，妈妈都会在校门口微笑着接小迪回家。

这一天，妈妈还是像往常一样下班后来接小迪，但小迪发现妈妈今

聪明父母这样做

天不怎么开心，脸上的微笑也很勉强。平时妈妈总会在接小迪回家的路上给讲她故事，可是今天，妈妈一路上一声不吭。小迪好几次想问妈妈怎么了，但却没有勇气。吃过晚饭后，妈妈依然一声不吭。

小迪终于忍不住了，对妈妈说："妈妈，你今天是不是不开心？可以跟小迪讲讲吗？"

妈妈一边检查小迪的作业，一边平静地说："没事，妈妈没事啊，乖，小迪快去把明天老师要讲的功课预习一下，今天妈妈有点累了，就不帮你预习了，听话。"

小迪看着妈妈，使劲地点了点头。可是小迪回到自己的房间没多久，妈妈就敲开小迪房间的门，然后走到小迪身边，搂着小迪说："小迪，对不起，刚才妈妈不该对你说谎，妈妈今天确实不开心，妈妈想了想，还是告诉你吧。"

妈妈一边理着小迪的头发一边说："妈妈单位现在正在调整工资，是按每个人的学历来调整的，那些刚来没多久的年轻的叔叔阿姨都读了很多书，学历很高，所以他们的工资都涨了很多，而妈妈没有高学历，所以每月的工资降了300块钱，这是妈妈今天不高兴的原因。"

小迪看着妈妈一脸无奈的样子，知道自己没有办法帮忙，心里酸酸的。她搂着妈妈说："妈妈，我知道，有的事情是我们没有办法的，我一定会好好读书，为妈妈争气，将来挣更多的钱来给妈妈！"

点点评评：

　　小迪是个非常聪明和懂事的孩子，这也源于小迪的妈妈能将自己的烦恼向小迪倾诉，让小迪能体会到妈妈的痛苦与无奈，也能让小迪理解和体谅妈妈。经过妈妈的倾诉让小迪了解了社会上的事情并不像自己想象的那样，这有助于小迪心态渐渐走向成熟。

"糊涂"父母那样做

小凤的口才很棒，不管走到哪里她都能说会道。她平常和隔壁比她大好几岁的姐姐飞玲玩是很好。最近,飞玲正在和新交的男朋友闹别扭,隔壁阿姨正和妈妈一起劝飞玲要宽容的对待别人,不要因为一点点小事而对男朋友耿耿于怀。

小凤这时马上又表现她的口才了,她不高兴地说:"不行,这次犯了错误,那下次还会犯,所以这次就得给他一点教训……"

没等小凤讲完,妈妈在一旁大声地打断:"大人说话,小孩子不许插嘴,马上回家给我看书去!"

小凤被妈妈这一声呵斥,只好把还没说完的话收回肚子,垂头丧气的回家去了。

后来隔壁的阿姨说妈妈怎么这么凶孩子。妈妈说:"大人的事,小孩子本来就管不了,包括我在家里,也从来不跟她谈我们大人之间的事,她只要给我好好读书就行了。"

点点评评:

　　妈妈的做法显然很偏激。小凤是个爱说话的孩子,喜欢与比她大好几岁的姐姐玩,说明小凤的心智要比同龄孩子成熟。小凤很喜欢在大人堆里发表自己的见解,而妈妈却毫不留情地将孩子想说的话打回了肚子。妈妈说在家里也从来不和小凤谈大人的事情,实质上这是一种错误的家庭教育观。

父母指南

　　生活中,有的父母总喜欢把大人的世界与小孩的世界划分得很清楚,从不让孩子干涉大人的世界,这对于孩子的成长是很不利的。孩子长期接触不到大人的世界,他们就无法学习大人们的处事方法和辨别是非的能力。

　　孩子的世界与大人的世界可能是有一些差异,但是两者之间应该是相互尊重的。很多父母关于自己的事情对孩子闭口不谈,这样只能使孩子与自己发生矛盾时得不到孩子的理解,更不利于孩子能与自己达成一种共识。

其实，父母真正的向孩子吐露自己的情感时，孩子会在思考之余渐渐明白一些道理，更能慎重地对这件事情产生一些想法，以至于慢慢形成自己成熟的人生观。另外，父母适当地向孩子倾吐，把孩子当成朋友，孩子才会把父母当成朋友，渐渐地两者之间才能拥有共同语言。

父母努力营造平等和谐的家庭关系，请把孩子也当成一名平等的议事人员，这样才能真正让孩子从中不断成长。

拒绝让孩子参加大人的世界，父母从来不向孩子倾诉，那只能阻碍孩子的成长道路，让孩子心智的成熟变缓慢，懂得的也很少。

4. 给孩子解释的机会

曾经有一所教育机构对2000名在校学生做过一次问卷调查，调查结果显示，大部分学生都讨厌听到父母说"住口"两个字。

是的，就是"住口"两个字，曾经埋葬了许多孩子的想法和观点，使得孩子们真正的想法和观点没有倾诉和发展的空间，导致孩子在成长中的心理扭曲。

一般来说，孩子的心灵比较脆弱，当孩子犯错误时，他们害怕父母不分青红皂白地训斥或者暴力，他们也希望父母先给予自己解释的机会。

"聪明"父母这样做

秋玲是初三的一个女生，学习成绩总是全班第一。秋玲的妈妈是医院的护士，爸爸是学校的老师。最近秋玲总被同学们在背后议论和社会上一个男孩谈恋爱。有天晚上放学，有同学说看到那名男孩和秋玲并肩走在校园外面的小河边有说有笑，谣言传得沸沸扬扬。

终于有一天，谣言传进了当老师的父亲耳中，那天晚自习后，秋玲像往常一样疲惫地走进家门。"啪"的一声，爸爸的水杯在桌子上跳了起来并摔在了地上，碎了，刚进门的秋玲目瞪口呆地望着眼前怒不可遏的爸爸，这时正好妈妈也在家里，她已经听丈夫说了孩子的事情，但她完全不赞同丈夫的做法。孩子早恋用暴力是解决不了问题的，她硬拉着丈夫回卧室去了。

过了一会儿，妈妈从卧室走出来，来到孩子面前，说："孩子，我想让你先说，先说说你是怎么回事。"

秋玲很快就意识到了是父亲在学校里听到那些风言风语了。秋玲把事情的原委向妈妈袒露出来。原来那个男孩是她小学时好朋友的哥哥，而那个朋友上小学时因为在一次洪水中为了救哥哥牺牲了。这位朋友的哥哥现在学校附近的一家餐馆里打工，所以有时候会来找秋玲谈心。秋玲还说因为现在面临升学考试，她自己并没有把这些谣言当回事，这根本就不是什么恋爱啊，她不知道原来自己的父母也相信这些谣言！

妈妈听完秋玲的解释后，松了口气。

点点评评：

秋玲的妈妈刚开始跟所有人一样，误会了秋玲。但是妈妈却给了秋玲解释的机会，才知道一切是一场误会。相比父亲的摔杯子瞪眼睛，准备一顿暴打的气势，妈妈的做法明智很多。

"糊涂"父母那样做

妈妈带天天去姨妈家做客，姨妈家的表姐单单比天天大几个月。年龄相仿，所以两人玩得很开心。

下午，妈妈和姨妈带天天和单单去理发店剪头发，剪完头发回来妈

聪明父母这样做

妈和姨妈就去厨房做饭了，天天和表姐留在客厅玩游戏。等到妈妈回到客厅的时候，才发现这两姐妹正在打架，只见天天扯着表姐单单后脑勺的一绺头发不松手，而表姐正奋力地扯开天天的手。

单单看见小姨来了，连忙求救。妈妈上前用力一扯天天的手，单单委屈地说："小姨，天天扯我的头发，她看见我的长头发就扯着不放。"妈妈二话不说，上前就给了天天一巴掌。见妈妈一副很凶的样子，天天吓得不敢说话，只是委屈得留下了泪水。

那天晚上，天天没有吃晚饭，尽管姨妈和妈妈怎么哄她，她都不吃。晚上在回家的路上，妈妈问起天天扯头发的事情，才知道表姐头上的发夹是在理发店里偷的，她想把发卡送回去。听完天天的解释后，妈妈才知道自己误会孩子了，并且让天天受了那么大的委屈，心里非常后悔。

> **点点评评：**
> 妈妈不给天天解释的机会，上前不分青红皂白地就是一巴掌，她并不知道天天的真实想法，而让天天受了那么大的委屈。

父母指南

生活中有些父母，经常会用一种居高临下的眼光看待孩子。当发现孩子做错了事，父母往往不分青红皂白上前就是一顿痛骂，有时甚至是一顿毒打，容不得孩子有半点的辩解，完全不给孩子说话的机会。其实这样下去，不仅让父母与孩子之间会产生隔阂，还会让孩子对父母产生一些偏见，造成心灵上的扭曲。

有人说，孩子就像一瓶装满了水的杯子，只有让孩子把想法说出来，把水倒干净，父母的水才能灌得进去。如果父母不给孩子解释的机会，那么孩子心中的话就倒不出来，父母的话就永远别想进入孩子的心里。

所以父母首先让孩子把话说完，自己要懂得倾听孩子。当然，在父母倾听孩子之前，必须要诚恳和尊重孩子，只有让孩子觉得你是尊重他的，他才有可能跟你说心里话。

有一位孩子的妈妈患咽炎，说不出话来，但孩子并不知情。放学后，孩子一进门就向母亲数落老师的不是。母亲想骂孩子，可干着急却说不出话，直到孩子把话全部说完了，令这位母亲没有想到的是，孩子最后一句居然说："妈妈，谢谢你听完我说话。"由此可见，孩子们的内心是多么希望父母能真正的倾听自己。

教育就是不断消除误解的过程，而给予孩子解释的机会，倾听孩子的想法，这可以增进父母与孩子之间的良好沟通，消除亲子间的误解。因此，如果父母误解孩子并且还不给孩子解释的机会，那么就是错过了倾听孩子的心声。

一个孩子就是一个世界。我们都应学会倾听，倾听他们的话语，倾听他们的心声，倾听他们对世界的理解和对未来的梦想。

5. 给孩子足够的尊重

树怕伤根，人怕伤心。自尊心、自信心是孩子成长的精神支柱，是孩子向善的基石，也是他们自我发展的内在动力。

"聪明"父母这样做

周周今年只有9岁，虽然他还小，但父母要求他做任何事时，总是以一种商量的口吻，比如，妈妈想让周周给自己倒杯水，从来不会对他大喊一声："给我倒杯水来。"而是用商量的语气："孩子，帮妈妈倒杯水，好吗？"周末，父母计划去动物园玩，他们总是要先问一

聪明父母这样做

问:"孩子,明天我们去动物园,你愿意去吗?"如果周周有不同意见,就会大大方方地说:"妈妈,我不想去动物园了,我都去过好多次了,这次我想去海洋馆看海鱼。"父母就会高兴地说:"去海洋馆也不错啊,那我们明天就去海洋馆。"

在周周的日常生活中,无论是哪个方面,从穿衣吃饭到学习娱乐,以及报什么辅导班等大小事情,父母都会征求周周的意见后再做,就连家里要添置什么家具,以及它的颜色和品牌,也要让周周发表一下自己的意见,给孩子充分的尊重,这让周周觉得自己在家里非常重要,非常有地位。

点点评评:
　　父母凡事都要征求周周的意见,这样能让周周觉得父母是尊重自己的,自己在家中生活得非常有尊严。

"糊涂"父母那样做

雨轩的父母不注意保护雨轩的自尊心,当他有件事没有做好时,父母就说他怎么这么笨;雨轩平时有些胆小,父母就说他是胆小鬼;雨轩一次考试成绩不好,父母就说他怎么这么没用;雨轩偶尔出现一次小小的失误,父母就指责他怎么这么不给大人争气。

当雨轩父母心情不好时,也从不顾及孩子的心情,总觉得自己的孩子不如别人家的孩子,有时甚至用雨轩的缺点去和别人的优点比。有一次,雨轩爸爸的朋友带着孩子来家里做客,朋友的孩子和雨轩同年龄,个子却比雨轩高出很多,雨轩的爸爸就毫不客气地说:"看人家个子多高,谁像你一样,个子那么矮,同样吃那么多东西,一年也长不了几厘米。"

爸爸的话极大地伤害了雨轩的自尊心,慢慢地,他失去了应有的上进心和自尊心。

点点评评：

　　雨轩的父母忘记了这样一个事实，那就是孩子也有自己的自尊心，用雨轩的缺点去和别的孩子的优点比，让一个本来不错的孩子在一片指责埋怨声中，失去了自尊心和上进心，最终难以成才。

父母指南

　　自尊是一种高度的自我认可。自尊，不会因为地位的低微而自贱，也不会因为职业的平凡而自卑，自尊并不是天生具备的，而是完全在于父母后天的培养。所以，父母从小就要告诉孩子，要想得到别人的尊重，首先必须要自己尊重自己。

　　美国心理学家和儿童、青少年治疗专家巴巴拉·伯杰说过："自尊就是让孩子为自己感到骄傲，要想具有较强的自尊心，孩子必须感到自己讨人喜欢并且有足够的能力，深信自己的价值，能够掌握自己和周围的问题。"这种觉得自己讨人喜欢和有能力的思想就是自尊意识，它在不同程度上影响着孩子现在和将来的生活，它涉及各个方面，也能够决定一个孩子的创造能力、进取心和人际交往能力，所以，一定要从小培养孩子的自尊心。让孩子产生自尊心的关键就在于得到父母的尊重和爱。

　　（1）不轻易批评或是拒绝孩子的意见和建议。在生活中，拥有高度自尊的孩子通常会这样评价自己：我的意见有价值而且是值得重视的，我有表达自己想法的权利。他们之所以能这样想，和父母对他们意见的肯定和赞同有着直接的关系。

　　（2）站在孩子的角度去考虑问题。在父母的爱和尊重的环境中长大的孩子，可以不断地增强自己的自尊心，这一点已经被很多父母和教育专家所认可，所以，在家庭中，要争取成为孩子的朋友，甚至是最好的伙伴。

（3）对孩子采取正面教育的方法。一些父母认为，当着亲朋好友的面批评孩子，人多势众，可以给孩子制造压力，促使他改掉缺点。殊不知，孩子和大人一样是很爱面子的，这样做只能损伤孩子的自尊心。所以，父母在教育孩子的时候要注意场合，不要在大庭广众之下粗暴地讽刺和训斥他们，要采取正面引导、私下谈心的方法，以情动人、以理服人。

（4）抽时间单独和孩子在一起。有些父母天天忙着上班，很少有空闲时间陪孩子聊天或做游戏，就算有时间也大多花在交际和应酬上。其实，就算父母再忙，也要抽出一定的时间和孩子单独待在一起，这是非常重要的。要做到这点，最好的方法就是把与孩子在一起的安排列入计划，小到一起出去散步，大到外出旅游，这对父母和孩子之间的感情联络是非常重要的。和孩子一起玩耍时，要遵守孩子的规则，最大限度地呵护孩子的心灵。在这里，尤其要对一些组建特殊家庭的父母强调的一点是，对于重组家庭，父母要考虑孩子的特殊情感需求。

（5）对孩子的要求要适度，不要过分严格，应适当放松要求。在父母要求过分严格的环境下长大的孩子，往往缺乏自尊心，有过分依赖的心理。同时，对待孩子的缺点也不能放纵和姑息迁就。在不损伤孩子自尊心的情况下，要采取循循善诱的方法，使他们克服缺点。

（6）父母要相信自己的孩子，鼓励孩子自己的事情自己做。很多父母认为，替孩子做他感到困难的事是帮了他们。其实，这等于告诉孩子他自己不行，不利于培养孩子的自尊。孩子需要鼓励和挑战，要给他解决问题和发现自己能力的机会。当孩子需要父母的帮助时，指导并协助他去想办法，寻找答案，而不是代替他去做。

6. 教育孩子拒绝暴力

别人的孩子每次考试成绩都在90分以上，而自己的孩子每次考试都在60分的边缘。当别人问起自己孩子考多少分的时候，这让父母很没面子，一种恨铁不成钢的愤怒油然而生。因此，很多父母就开始用不打不成器的"暴力"教育方式去教育孩子。其实这种教育方法是非常不理智的。

"聪明"父母这样做

有一次，爸爸妈妈带着小峰去电影院看电影《超人》，电影中演到超人打坏蛋时，小峰显得非常兴奋，站起来大喊大叫，爸爸妈妈说了很多话才让他安静下来。

看完电影走出电影院时，小峰仍然非常兴奋，边跑边喊："我是超人，我是超人，坏蛋不要跑……"

从那以后，小峰就真的把自己当成了小英雄，他在家看到小狗欺负小猫时，就大喊："猫咪别怕，我来救你！"之后就把小狗追得满屋乱跑，还边跑边喊："坏蛋别跑，我是超人，看我怎么教训你！"在学校里，当他遇到同班的男生欺负女同学时，总是跳出来为女同学打抱不平，为此还被人打过，但他一点也不后悔，说救人是自己作为一名英雄的使命。

有时候小峰闯祸了，爸爸非常生气，就会骂他："你这孩子真是太幼稚了，太气人了，还真拿自己当'超人'了！"

爸爸妈妈对小峰的这种行为非常担心，他这么爱管闲事，会得罪很

聪明父母这样做

多人,还会让自己经常受伤,而且,看到小峰对这类"超人"、"奥特曼"、"蜘蛛侠"等人物非常痴迷,就担心会影响小峰的学习。后来,当他们跟别的男孩的家长交流自己的教子心得的时候,发现几乎所有的男孩都有这种"英雄情结"。于是他们再碰到小峰发生"伸张正义"的事情时,就不再批评他,而是对小峰大肆夸奖一番:"好儿子,你真是个打抱不平的小英雄!"小峰听到爸爸妈妈的夸奖后非常高兴,爸爸接着又说:"可是,有些事情可以不用暴力解决的,打架的孩子可不是个讲文明礼貌的好孩子哦。你可以心平气和地跟那位欺负人的小朋友讲道理呀,这样,你就是一位有绅士风度地小英雄了,对不对?"小峰听后觉得爸爸说得非常有道理,从那以后再也不用打架的方式去"伸张正义"了。

点点评评:

每个男孩都有英雄情结,这也是培养他勇敢果断等品质的重要原动力,可以满足他想当英雄的愿望,同时也锻炼了他的胆量和智慧。

对于小峰用暴力的方式进行"打抱不平",爸爸采用了正确的引导,让小峰知道打抱不平是对的,但是不应该用暴力的方式,让小峰能够既不用暴力,又能"伸张正义",满足他的英雄情结。

"糊涂"父母那样做

赵琳的妈妈本来在外地打工,因为赵琳的学习成绩不理想,所以妈妈决定辞职,回家专门负责赵琳的学习和生活。可是,妈妈不回来还好,一回来更糟。以前赵琳的成绩在班上一直处于中等水平,妈妈回来后,赵琳的成绩却开始慢慢滑落,一直处在中下游水平,并且赵琳开始产生厌学心理。原来妈妈一回来,就开始用强制的方式让她加倍的学习,有一次考试在班上成绩降了五名,妈妈一天都不准她吃饭。

还有一次一道数学题因为粗心做错了,妈妈让赵琳在房间里跪了一天。从那时开始,赵琳就开始有点恨妈妈了。最让赵琳痛恨的是,这次期末考试后,学校要开家长会。当赵琳拿着只有两门科目及格的成绩单给妈妈看时,妈妈居然当着众多的学生及家长的面,狠狠地给了赵琳两个耳光。赵琳一气之下,跑出了学校,并发誓,只要妈妈一天不出去外面工作,她就一天不去读书!

点点评评:

赵琳成绩不好,妈妈非但没有帮助赵琳共同寻找方法一起去解决问题,而是利用各种各样的方式去惩罚她,这样就直接导致了赵琳厌恶上学的心理,也憎恨妈妈如此对待自己,从而让妈妈得不偿失!

父母指南

很多父母都像赵琳的妈妈那样,望子成龙望女成凤心切,巴不得自己的孩子天天拿奖状,年年拿奖学金,直接保送至哪个名牌大学。但是现实总是让父母不能如愿,于是对孩子进行暴力教育,希望孩子对某种坏习惯能够收敛一些,学习更用功一些。其实这种做法不仅起不到效果,对于孩子来讲也是非常不公平的。孩子的学习成绩不好,父母着急,孩子也着急。而父母却对孩子拳脚相加,实是不该之举。

对父母来说,"打孩子"也许是最不被认同的教育方法,也是最没有办法的教育办法。但是当"暴力"教育真正实施在孩子身上时,不仅起不到作用,还给孩子留下了严重的阴影。

(1)不利于亲子关系。经常被父母惩罚或挨打的孩子,不会爱父母,而会痛恨父母。

(2)伤害自尊心。即使孩子还小,但是也是有自尊心的。打孩子,特别是在外人面前,更会让孩子觉得无地自容。一个孩子的自尊心受到破坏,很难预测出他会做些什么样的举动。

（3）造成孩子对学习产生自暴自弃的想法。当孩子学习不好时，父母拳脚相加，孩子得不到安慰和鼓励，所以有可能产生厌学等不良情绪。

（4）造成怯懦、自卑的性格。学习不好，对孩子来说就有一定的打击，再加上父母对他们表示出如此失望以及过火的态度，很容易导致孩子自卑与怯懦的心理。

以上足以证明，孩子在学习成绩不好时，对孩子进行暴力教育，只能使孩子的心理、亲情关系等等方面遭受严重的损害。所以奉劝各位父母，当孩子的学习成绩不好时，千万不要暴力相向，孩子的心思往往比较敏感，他们渴望得到的是父母的安慰和鼓励，而不是训斥和打骂，更要拒绝一切暴力！

7. 赞美孩子的善良

大作家雨果说："善良的心就是太阳。"一个不善良的孩子会得不到别人的怜爱。

"聪明"父母这样做

吕碧成是民国时代的四大才女之一，她不仅美丽动人，而且才华横溢。更重要的是，她拥有一颗如金子般善良的心。

吕碧成出身于名门，家境富裕。母亲是一个文化修养很高的女人，她时刻教育孩子们要有善良的品格。

吕碧成年幼的时候有一个和她非常要好的朋友，有一次当她得知朋友的姐姐生病了，没有钱医治，她想向母亲要钱给朋友的姐姐治病，可是每次话到嘴边都不敢开口。终于趁父母和姐妹都不在的时候，她悄悄地拿了家里一笔钱给朋友送去了。

很快，丢钱的事被父亲发现了，父亲召集四姐妹审问。四姐妹都不说话，最后审问没有结果。事后，吕碧成心里很难受，但是她不敢跟父亲说。

过了几天，她终于忍不住跟母亲承认了错误，没想到母亲并没有怪她，而是抚慰她说："没关系，孩子，只要你承认就好，你是个善良的孩子，母亲不怪你。但是下次绝对要经过父母的同意才能拿钱，不然这叫'偷'呀！"

吕碧成见母亲已经宽容自己了，几天的思想包袱终于放下了，并记住了母亲说的话，做一个正义善良的人，而且一辈子都是这样。

点点评评：

不管吕碧成的这次举动，是拿家里的钱还是"偷"家里的钱，始终是体现了她那颗善良高贵的心。幸而母亲并没有责怪她，反而表扬了她，并且要她继续保持。吕碧成也是因为受到母亲的鼓舞，在未来的人生道路上，一直保持着善良的品格。

"糊涂"父母那样做

星期天，妈妈带希希去公园玩。刚走到公园门口，就看到了公园中间的空地上围了一群人。希希赶忙拉着妈妈跑上前去看个究竟。

原来是一对夫妇带着一个小孩在卖艺，男人只有一条腿，坐在凳子上给观众表演变钱的魔术，女人的脸上有一块烧伤后留下的伤疤，她拿着喇叭在向周围的观众诉说着他们的经历。而那个小孩打着赤膊，大约五六岁，坐在一堆碎玻璃旁边，惶恐地盯着周围的人。一家三口来自外地，因为一次火灾，男人把腿烧没了，女人毁容了。现在正赶上孩子暑假，三人一起出来靠卖艺赚点钱。

大家纷纷捐钱，希希也扯了扯妈妈的衣角，可是妈妈好像无动于衷，兴高采烈地看着节目。过了一会儿，小男孩上场了，小男孩表演

聪明父母这样做

的是打着赤膊滚玻璃，好多人为小男孩的勇气鼓掌。希希觉得这个小弟弟很可怜，那么小就要出来赚钱，她忍不住又扯了扯妈妈的衣角，可是妈妈还像是不知道似的，轻轻地拍着她的手叫她放下。

希希终于用力扯着妈妈的手臂，嘟囔着说："妈妈，可不可以给我五毛钱。"

妈妈早就看出了她的心思，瞪了她一眼："你是不是又要去给钱啊，你看，那么多人都没给，凭什么我们要给啊，这些脏鬼的把戏是骗人的，又不是真的，我们走吧。"希希只好恋恋不舍地被妈妈牵着离开了人群。

点点评评：

希希想跟妈妈要钱去给这三位可怜的卖艺人，说明希希拥有一颗善良的心。而希希的妈妈看到这种场面，自己没有一颗同情善良的心，还把希希这个善良的梦阻止了。如果希希的妈妈长期这样下去，希希心中的那份纯洁的善良，就会随着这样的事情逐渐发生改变，越来越麻木起来，继而会变得冷漠。

父母指南

善良是孩子的天性，他们看到一些凄凉的场面都会感动万分。莎士比亚说，善良的心地，就是黄金。

如今大多数孩子都是独生子女，父母往往受不了孩子吃亏。曾听一位老师说，有一位父亲放学时来接孩子，见到孩子的第一句话就是，今天有没有人欺负你？要是有谁欺负你，你就跟爸爸妈妈说，爸爸妈妈情愿出点钱，也不会让你吃点亏的。试想一下，如果所有的父母都像那位父亲一样教育孩子，那么未来的社会是可想而知的。

这样的教育对孩子的成长是非常不利的。俗话说，不善良的人，走到哪里都令人讨厌！所以，父母应该保护和培养孩子们如金子般善良的心。

（1）教育孩子善良，父母自己首先应该做到善良。平时善良的对待自己身边的人，时间久了，孩子会耳濡目染，通过学习父母，在心中播下善良的种子。

（2）让孩子饲养小动物。有专家认为：幼年、童年饲养过小动物的孩子，感情比较细腻，心地比较善良。相反，从小没有接触过小动物的孩子感情会比较冷漠。

（3）在孩子小的时候尽量带孩子寻找一些弱者，比如天桥下面的乞丐，给孩子准备点零钱，让孩子把钱拿过去，慢慢地激发孩子那颗善良的心，或者时常告诉孩子要保护比自己小的弟弟妹妹，让孩子从中受到正义的牵引力。

第八章

朋友篇："聪明"父母鼓励孩子大胆交际，"糊涂"父母害怕孩子交朋友

1. 嘴甜的孩子讨人喜欢

父母都希望自己的孩子嘴甜、人见人爱，但有很多父母，平时都忽视了对孩子这方面的教育。

北京电台主持人王芳曾领着她的宝贝女儿上节目《光荣绽放》。当被主持人问到怎样才能培养女儿的高情商时，王芳说：一定要嘴甜，因为嘴甜的孩子不吃亏。其实，嘴甜的孩子不仅不吃亏，还惹人爱。

"聪明"父母这样做

小艾今年6岁了，是一个人见人爱的女孩。她还有个可爱的外号叫甜嘴妹，这个外号是奶奶一年前送给她的。

那一次，奶奶从老家过来玩，不知道什么原因爸爸和奶奶拌了几句嘴。奶奶一气之下提着行李准备回乡下，尽管妈妈使出浑身解数出来打圆场也挽回不了奶奶回乡下的决心。

这时候，小艾拿着奶奶给她缝制的布娃娃，指着一处开线的地方："奶奶，你看你缝的娃娃多好看呀，要是您走了，布娃娃烂了就没人缝了。"

奶奶看见孙女也来劝自己，气消了一半，拿着布娃娃说："妈妈会缝啊，下次坏了让妈妈缝。"

"奶奶缝的好看呀，奶奶的手艺好呀。奶奶您要是回去了，我就吃不到奶奶做的红烧肉了，奶奶做的饭比爸爸带我去的菜馆里的好吃多了。"

奶奶被小孙女捧乐了，但还是说："奶奶还是要回乡下，以后要是小艾想奶奶了，就跟妈妈一起来乡下看奶奶啊。"说着就做出准备要走的样子。

小艾急了，连忙又说道："奶奶，您还在生爸爸的气吗？您干吗要生气呀，妈妈说生气会老呀，小艾希望奶奶越来越年轻。再说，爸爸也是为您好呀。"

奶奶看着嘴巴又辣又甜的小孙女，有点舍不得了。奶奶轻轻地抚摸着小艾的头发，问："小艾的嘴巴像抹了蜜一样，告诉奶奶，是谁教你这么说的呀？"

小艾高兴地抬起头，指着一旁的妈妈，"是妈妈。"妈妈微笑地向小艾竖起了大拇指。

奶奶轻轻地拧了拧小艾的脸蛋，说："好了，奶奶不回去了，奶奶舍不得小艾呀，小艾嘴巴那么甜，那么会说。奶奶要给你取个外号，叫嘴甜妹。"

点点评评：

妈妈用心的教育，使得小艾说话那么甜，因此获得了别人的喜爱。而奶奶也是被孙女这张又辣又甜的嘴巴给打动了，才得以留下来。

聪明父母这样做

"糊涂"父母那样做

芹芹今年上幼儿园了，可是非常不喜欢说话。妈妈形容她的嘴巴硬得用木棍撬都撬不开。一个星期天，妈妈带着芹芹出去逛街，正好遇到单位的一个同事。同事也是带着孩子出来逛街。同事的孩子甜甜地叫着"阿姨好，阿姨好。"把芹芹的妈妈叫得喜笑颜开。

"芹芹，快叫阿姨好！"妈妈对芹芹说。可芹芹摇摇头，表示不想叫。

"芹芹乖，要懂礼貌，快点叫阿姨！"没想到芹芹就是不肯叫，还别过头去。妈妈当时觉得非常尴尬，怕同事误会自己教子无方，于是下命令说："你叫不叫，你不叫我就打你！"

幸好这时，同事看到妈妈要打芹芹，连忙说："没事没事，这小朋友长得真乖啊。"等同事带着孩子走后，妈妈大声地训斥芹芹："你怎么这么没用，你看人家的孩子，嘴巴那么甜，你这样让我多没面子，你是不是想挨打呀！"说着真打了芹芹一下，芹芹好像吓到了，委屈地哇哇大哭起来。

点点评评：
　　妈妈用训斥甚至打骂的方式来逼芹芹嘴甜一些，其实这样不仅起不到效果，反而让芹芹对这种做法产生逃避和厌恶。

父母指南

俗话说，好话一句暖三冬。一句暖人心窝的话，好比冬天里的太阳，让人暖意洋洋。再看嘴甜的人，走遍古今中外，无一例外，总是格外被人宠几分。能说会道的人不一定得人心，只有那个嘴甜的人才能真正地获得他人的喜爱。而且这也不必费时间，也不必费金钱，一张嘴巴，就可以让人喜笑颜开，乐意融融。

父母培养孩子嘴甜，不仅能让孩子赢得小朋友们的尊重和大人们的疼爱，也为他们以后的人生增添了一种智慧。毕竟人人都喜欢听好话，一个专门说别人坏话的人，不仅心胸狭窄，还受人厌恶，甚至导致人际关系网的破裂。

所以，会说话的孩子不仅仅要能说会道，还要适当地让嘴巴放甜一点。平时见到隔壁邻居，让孩子叫上一句爷爷奶奶或者叔叔阿姨好，那么别人就会感到十分愉悦，并且还会喜欢你的孩子。

（1）要教孩子懂得欣赏别人，发现别人的优点。让孩子在说别人好话的时候觉得，这个人确实有这个优点，并不是为了讨好别人才这样说的，从而渐渐养成一种真诚赞赏别人的习惯。

（2）布置一个良好的氛围。比如，平时父母对待孩子要多进行表扬和夸赞。孩子今天穿了新衣服，父母可以夸孩子今天好漂亮，夫妻之间也可以进行夸奖和欣赏，在这种氛围下，孩子慢慢地会把这种美德养成习惯。

此外父母可以经常带孩子走亲访友。但是在出门之前要做好周密的计划，交代好见什么人、告诉孩子怎么称呼、说什么话，有必要的时候还可以练习一次。同时要学会正确使用文明礼貌用语，如"对不起"、"没关系"、"谢谢"、"麻烦您"等等。

（3）父母在教孩子嘴甜的时候，千万要注意，嘴甜并不是一味说好话，不是对他人无原则地迎合奉承，更不是让孩子故意夸张，或者无中生有，这样不仅得不到别人的喜爱，反而让别人觉得反感。

当然，教孩子学会嘴甜并不是一天就能学会的，俗话说，欲速则不达。父母要首先作为孩子的榜样，平时要注重对孩子文明礼貌的训练，经过一段时间的训练，相信孩子会慢慢学会"嘴甜"，甚至"甜"上加甜。

聪明父母这样做

2. 尊重孩子的朋友

我们在生活中常常可以听到有些成年人经常感慨他们童年时代的友谊是多么的美好与珍贵。我们可以从这些成人的美好回忆中得出，孩童时代的友谊往往更让人觉得珍贵。所以，父母应该尊重孩子与朋友之间的友谊。当然，父母要尊重孩子之间的友谊，首先要做的就是尊重孩子的朋友。

"聪明"父母这样做

初雪长得不算漂亮，成绩也不怎么好，所以在班里不怎么受到同学关注。

有一次，十几位同学约好星期天去爬凤凰山，初雪也加入了爬山的队伍。可后来有同学得知，没有大人前行，凤凰山是不向小孩售票的。大家觉得非常扫兴，初雪也一样。回到家里，初雪把这件扫兴的事情跟妈妈说了，没想到妈妈说："你们要是愿意的话，妈妈可以牺牲一天的时间带你们去呀！"

初雪想妈妈每天工作那么辛苦，好不容易休息一天，肯定是开玩笑的，但是妈妈却说是真的。这让初雪喜出望外，第二天就把这个消息告诉了想去爬山的同学们，同学们听了也非常高兴。

星期天，妈妈当起了初雪和同学们的保镖兼摄影师，还给很多提不动包的同学拿包，一路上对同学们无微不至的关怀，总是提醒他们要小心。爬山结束后，孩子们恋恋不舍地离开了凤凰山。第二天上学，同学们都对初雪说："你妈妈真好啊。"初雪听后高兴极了，同时也为妈妈感到骄傲。

从那以后，很多同学都愿意跟初雪玩了，并且初雪经常带同学来家里玩，妈妈也非常热情地招待。就这样，初雪在同学们的眼里越来越不一样了，朋友也越来越多，自信心也不断增强，在同学们的帮助下，初雪的成绩很快也进入中上游，这次期末考试，初雪竟然获得了全班第五名，这可是初雪前所未有的好成绩啊！

点点评评：

妈妈尊重并善待初雪的同学，深受初雪同学的喜爱，并也让初雪赢得了同学的尊重与喜爱。

"糊涂"父母那样做

芷若的妈妈是一个很挑剔的女人，她经常嫌芷若这里做得差，那里做得不好。芷若经常烦妈妈总是喜欢这样挑剔别人，一点都不知道包容和体谅。

有一次，芷若带朋友冰冰来家里玩儿。两人在屋里玩了一会儿，芷若从柜子里拿出妈妈前几天为自己新买的一双皮鞋，问冰冰好不好看。冰冰看了，觉得非常漂亮。芷若说："要不你试试，穿上肯定也很好看。"于是冰冰拿着鞋子试穿。

这时候，妈妈进来了，她看了看冰冰，等到冰冰不注意的时候，把芷若拉到一边，挤眉弄眼地说："她有没有脚臭啊，这么好的新鞋你都没穿呢，你怎么那么笨呢！"芷若连忙扯开妈妈，不满意地瞪了她一眼。等冰冰穿好鞋转过身来，妈妈的脸色才好看一点。

冰冰很喜欢芷若家阳台上的那对金鱼，活泼漂亮。可惜就在冰冰观鱼的时候不小心把端起来的小鱼缸砸碎了。芷若的妈妈跑过来，也不顾及什么客人不客人的面子了，她指责冰冰连赏鱼都不会，还要端着鱼缸观赏，端了还端不住，非要砸碎了不可，语气一点都不委婉。冰冰委屈得快要哭了，最后还是芷若忙着推走妈妈。

聪明父母这样做

等到冰冰走后,为了表示对妈妈的不满,芷若决定一个星期不理妈妈!她这样不尊重自己的朋友,让自己在朋友面前多么尴尬,真是无法忍受!

第二天,芷若就收到冰冰送来的20元钱,说是要赔芷若家的那个小鱼缸。芷若一个劲地跟冰冰解释,虽然冰冰表面装作没什么,但是表面的微笑谁都能看出来是装的。从此之后,冰冰也不怎么跟芷若玩了。芷若看着昔日的好友跟别人尽情地玩耍,而把自己丢在一边,很不是滋味。

> **点点评评:**
> 妈妈不尊重芷若的朋友,指责芷若的朋友,实质上就是在分裂芷若与朋友之间的关系。妈妈这样做不仅受到芷若的埋怨,而且给芷若的人际关系带来很大的伤害。

父母指南

每个人都需要朋友,都需要同伴。一个没有同伴或者朋友的人,往往心理上是不健康的。一个孩子的童年若是没有朋友,那么他就会非常孤独,甚至失去一些积极的性格,对孩子的成长是非常不利的。

都说培养孩子最大的前提条件是尊重孩子,尊重孩子的想法,尊重孩子的选择,当然这其中包括尊重孩子的朋友。

尊重孩子的朋友,这样不仅可以让孩子感觉到父母对他的尊重而更加信赖父母,并且,这样也能促进孩子与朋友之间友情的发展,促使他们在交往中相互帮助和相互学习。另外,父母尊重孩子的朋友,也会让孩子在朋友面前感觉非常有面子,从而建立孩子的自信心,对孩子的成长是非常有利的。

那么,父母在对待孩子的朋友时,应注意哪几点呢?

(1)给予热情。当父母碰到孩子的朋友时,应给予问好与夸赞,要体现热情。当孩子把他的亲密朋友带到家里来时,父母一定要表现出足够的热情，万不可一副冷冰冰的样子，这很容易让孩子的朋友误解为是不欢迎他，从而影响孩子们之间友谊的发展。

（2）对待孩子的朋友，父母不要以貌取人，或者刨根问底。有的父母看到一些长的标致的孩子就特别喜欢，而对那些其貌不扬的孩子就不理不睬。父母千万不要造成这种心理偏见，这样做只会伤害孩子的朋友。只要是孩子的朋友，父母应做到一视同仁。再者，有的父母一看见孩子带来同学或者朋友，很喜欢问别人的一些家庭状况。俗话说，外人不谈家务事，父母因该避免去谈及这方面问题。

（3）不要在孩子朋友面前揭孩子的短。每个人都有自尊心，缺点是孩子的敏感特区。所以，在孩子的朋友面前不要揭孩子的短处和伤疤，这会引起孩子反感，说不定也会从中破坏孩子之间的交往。

（4）发现孩子朋友的优点，并让孩子学习。善于发现孩子朋友的优点，并且将其提出来，不仅能够赢得孩子朋友的好感和信任，也是帮助孩子提升的一种方法。让孩子看到朋友的优点，鼓励孩子向朋友学习，取长补短，孩子就会变得越来越优秀。

3. 教孩子处理好自己的事

孩子与孩子之间相处，难免会磕磕碰碰，父母总是表现得很紧张。明智的父母是不会去参与孩子与孩子之间的纠纷的，总是参加孩子之间纠纷的父母，不仅把原本的小事化成了大事，更重要的是还剥夺了锻炼孩子自行解决问题的能力。

"聪明"父母这样做

思思与贾娜是邻居，并且年龄相当。有一次，思思的妈妈带思思来

聪明父母这样做

贾娜家来串门。贾娜看见思思来了，很是高兴，并且请思思观看自己房间的玩具。可是思思只喜欢贾娜的那只红色画笔。但贾娜就是不让思思拿她的笔。为此贾娜对妈妈说："妈妈，思思玩我的洋娃娃，我不想让她玩，可她不听。"

贾娜的妈妈并没有管孩子，而是说："这是你们之间的事情，你自己去处理吧。"说完又继续和思思的妈妈闲谈起来。思思的妈妈本来准备阻止思思动洋娃娃的，但是被贾娜的妈妈阻止了。

"好思思，你不要玩我的洋娃娃好吗？"贾娜恳求道，可是思思却像是没有听见似的。

"思思啊，你还给我好吗？"贾娜的语气有点强硬起来，可是对思思依然毫无效果。于是贾娜只能向思思的妈妈求助，可是思思的妈妈除了向贾娜表现微笑以外没有任何其他的表示。最终没有办法，只有自己帮自己的忙了，贾娜问思思："你很喜欢我的这个洋娃娃吗？"

思思这才抬头看贾娜："喜欢，可是我家里只有维尼熊，可以跟你换吗？"

贾娜一听高兴坏了，她最喜欢维尼小熊了！于是马上答应，问题就这样解决了。

> **点点评评：**
> 　　两个孩子不仅把矛盾解决了，还促成了一桩美事。妈妈这样做锻炼了贾娜解决问题的能力，也培养了她渐渐养成自己解决问题的能力，而不是去依靠父母解决问题。

"糊涂"父母那样做

珠珠在踢毽子，蕾蕾在拍皮球。珠珠的毽子越踢越远，于是一个跟跄不小心撞到了蕾蕾，两人同时摔在地上。珠珠知道是自己错了，连忙扶起蕾蕾。珠珠怕蕾蕾生气，又连忙向蕾蕾道歉。蕾蕾拍了拍身上的尘土，表示没关系。

正在这时，蕾蕾的妈妈从远处跑过来，她摸了摸蕾蕾的脸蛋，气势汹汹地质问珠珠："珠珠，你把我们家蕾蕾撞倒干吗不道歉呀！你知不知道这样是不对的。"

珠珠唯唯诺诺地说："阿姨，我已经向蕾蕾道过歉了，不信你问问。"

没想到这时蕾蕾看见自己有妈妈撑腰了，于是"哇"的一声哭了起来："是珠珠撞倒我，是珠珠撞倒我的。"

"那她向你道歉了吗？"妈妈问。

"没有，她没有道歉。"蕾蕾依然伤心地哭着。

珠珠看着蕾蕾的妈妈气势汹汹地瞪着自己，眼泪就快掉下来了。珠珠被迫又向蕾蕾道了歉，这时候珠珠的妈妈过来了，她看到别人的妈妈面对自己的孩子这么凶神恶煞，于是上前给蕾蕾的妈妈讲起道理来，结果弄得两个大人又吵起来了。

点点评评：

小孩之间的事情，本来可以相安无事的解决，而妈妈一插手，不仅把这件事情弄大了，还扭曲了孩子的心灵。

父母指南

孩子总有一天要走向社会，必须面对生活中、工作中的种种矛盾，做父母的也不可能一辈子都跟着孩子。有科学表明，小朋友之间的碰撞，是孩子获得的必要经验，如果孩子自行解决问题，那么这是给予孩子的一种锻炼。相反，如果孩子与别人发生矛盾，父母插手去解决的话，问题可能是解决了，但是，孩子就少了一次锻炼自己解决矛盾的机会。孩子这样锻炼的机会越少，自己解决与同伴之间问题的能力就越差，这对孩子的成长是非常不利的。

与大人相比较，孩子更崇尚和谐。通常与别人发生矛盾时，一般都能以温和的方式进行解决。如果父母介入，说不定反而会导致事情走上反面。这时，父母的办法无非就是两种，一种是让孩子强硬，另一种是让孩子忍让，但这两种方法都会扭曲孩子的心灵。

那么，当孩子与别人发生矛盾时，父母具体该怎么做呢？

（1）当孩子与别的小朋友发生冲突时，父母不要太紧张，大多时候小孩子之间的纷争都是一些小问题，大人一紧张反而会把这件事弄得越来越严重。

（2）父母要放手让孩子自己去解决问题。当孩子与别人发生矛盾，父母应该懂得放手让孩子自己去解决问题，而不是自己去插足去管。如果是这样，即使问题解决了，也会让孩子渐渐产生依赖性，这对孩子未来的发展是很不利的。

（3）培养孩子冷静处事与协调能力。哪里有矛盾，哪里就必须协调。培养孩子的协调能力，可以在他以后与别人发生矛盾时尽快顺利的化解矛盾。当然，在化解矛盾的同时，孩子必须是冷静的，只有冷静下来处理，才能得到妥善的结果。

（4）当孩子无法自己解决问题时，父母就应该告诉孩子随时禀报老师与父母。当父母在接到解决矛盾任务的同时，一定要先问问孩子的看法，听听他的想法，再进行引导。这样就能提高孩子解决问题的能力。

4. 正确对待异性朋友

孩子的世界是一个小小的社会，在这个"社会"中，不可避免地会有异性之间的来往，这是一种正常的交往，父母大可不必把孩子的异性朋友当成"洪水猛兽"。

对于孩子的异性朋友，父母要与早恋区别开来。有的父母往往误把孩子和异性同学互相聊天、一起写作业、结伴游玩这样的情况错当成早恋而错怪孩子，让孩子承受痛苦。

"聪明"父母这样做

吴敏芝在学校可是出了名的"巾帼不让须眉"。在女同学的眼中，吴敏芝是一位开朗善良知识面广的女孩，在男同学的眼中，她是一位豪爽又理智的女孩，经常能和男孩子们打成一片。说实话，要真算起来，她的异性朋友要多于同性朋友，她非常喜欢和男同学在一起研究物理，讨论科技，讲讲历史甚至是考古知识。这增长了吴敏芝太多的见识，这些可是在女同学那里得不到的知识呀。她还经常把好几个男生带到自己家里，研究密码箱破译等问题，开展各种学科讨论会。

隔壁的阿姨有次忍不住问敏芝的爸爸，说敏芝带那么多男同学来，你就不怕孩子是早恋啊。敏芝的爸爸笑笑说："现在正是孩子求知欲强的时候，与男同学之间讨论学习是非常正常的，而且女孩与男孩的思维往往有差异，与男孩多接触，倒有互补的作用，所以我并不担心。"

点点评评：

敏芝的性格正是因为爸爸的开明与宽容，如果爸爸像别的家长一样，不准敏芝和男同学交往，那么敏芝也不能这么火热的和男同学打成一片，也不可能和男同学一起去讨论一些问题，更不可能开阔眼界，增长知识。

"糊涂"父母那样做

小莉是一个内向但很喜欢文学的女孩，周围的同学都是一些非常活泼开朗的女孩，所以小莉性格与她们格格不入，没有共同语言，显得异常孤独。偶尔有一次，小莉发现班里有个男生赵凯也不怎么喜欢说话，也很喜欢文学。一次作文比赛，两个人聊了会儿，并且非常投机。由于志趣相投，两人经常会在班里一起聊天，一起看书，讨论他

聪明父母这样做

们各自喜欢的散文。和赵凯一起聊文学，聊作者，聊未来，令小莉感觉非常愉快，并且小莉也从赵凯那里增长了不少见识。有一天放学回家，小莉情不自禁把这件事情告诉妈妈，说自己很喜欢和班上一个叫赵凯的男孩子在一起。

妈妈没听她说完就狠狠地教训了她一顿，并且告诫她不要再跟这个男生来往，小莉觉得很委屈。有一天傍晚放学，妈妈正好经过学校，发现小莉正和一个男生在路上边走边说话，顿时怒不可遏，一下子冲到那个男生面前，说："你就是赵凯吧！你跟着我们家小莉干什么，小流氓！以后不准再找我们家小莉了！"小莉急了："妈妈，我们在讨论今天的作文题目呢！"妈妈正在气头上，哪会容其分说呢，气急败坏地拉着小莉回了家，并且再次告诫小莉，下次再发现和这个男生在一起，妈妈就要打断小莉的腿。小莉为此非常痛苦。从那以后，小莉变得更加沉闷寡言了。

点点评评：

无疑，小莉的痛苦是妈妈造成的。妈妈不应该不分青红皂白就将小莉与男同学赵凯的情况视为早恋，而限制了小莉的交际圈，这样对小莉的发展是非常不利的。

父母指南

心理学家认为，一个身心健康的孩子，是需要伴有丰富的异性友情的滋润的。现在的孩子大多为独生子女，没有玩伴，经常会觉得孤单，心里有许多话想对人倾诉，这时候他们就会找一个合得来的朋友作玩伴，这其中就不会考虑是同性还是异性了。这种交往都是一种玩伴之间的正常交往，所以父母就应该用一种正确的眼光去看待孩子与异性交往的问题。

（1）父母对孩子要持信任与理解的态度。要信任自己的孩子，不宜横加干涉、歪曲孩子们纯洁的心灵，因为朋友是绝对没有性别之分的。不要见到自己的孩子与异性交往就大惊小怪，惶恐担心，甚至向其发难，禁止孩子和异性的正常往来，这只能使孩子得不到全面的发展，长大后，还会影响孩子的社交适应能力。智慧的父母会用平常的心态去看待孩子的这种正常的交往。

（2）父母要明白，孩子与异性交往是有益处的。女孩与男孩的智力没有高度之分，但是有思维风格不同之分。女孩的具体形象思维能力较强，男生则较擅长于抽象的逻辑思维。思维不同，看待问题的眼光不同，两者之间长期进行交流，相互学习是可以取长补短，差异互补，提高自己的智力活动水平和学习效率的。

（3）父母应以发展的眼光看待孩子的交往。孩子正在学习与成长阶段，多结交一些异性朋友对成长和学习本身是有好处的。每个做父母的都应该为孩子的未来着想，用发展的眼光正确看待孩子的异性朋友。只要孩子与对方谈得来，关系融洽，能从对方那里学到东西，不论是同性朋友还是异性朋友，都应支持他们之间的友谊和正常交往。

5. 懂得拒绝

父母希望孩子有广阔的交际圈，但是在广阔的人际关系中，面对自己不利的任何事，要教会孩子怎样说"不"。

一个不会拒绝别人的人，往往会被别人的意志所左右，父母教会孩子学说"不"，不仅是让孩子的意志不受到别人的侵犯，也是未来社会交际中必须具备的一种处世哲学。

"聪明"父母这样做

童童是一个非常胆小能忍让的孩子，今年已经5岁了，从来没有跟

聪明父母这样做

谁争过东西，这还不止，小时候的童童，只要别人从她手里抢东西，她都会毫不犹豫地给人家。就是因为这种不会说"不"的心理，让童童在外面吃了很多亏。在别的同伴眼中，童童就是一个老实妹。

前几天刚开学，童童兴高采烈地从学校领回新课本，就马上拿着新书到小区的草地上认真地读了起来。可是不到10分钟，童童空着手哭着回来了。妈妈见状，立刻丢开手中的活儿，问童童怎么了？童童不敢说话，只是用手抹着眼泪。妈妈知道这是童童受了委屈常见的状况，但是怎么问她都不敢说。妈妈翻翻童童的书包，果然是少了一本书。在妈妈再三的逼问下，童童才道出原委。原来童童拿着新书正在看，突然来了小区里经常抢她糖果的两个男孩。他们见到童童拿着新书，叫童童拿给他们。于是童童就给了他们。没想到他们拿了书同时抢起来，把书撕坏了。之后也没跟童童说对不起，还嬉皮笑脸的跟童童说："坏了就坏了，坏了你再去学校要一本吧，哈哈……"

妈妈听后并没有怪罪那两个男孩，先把童童安慰一番后，妈妈语重心长地对童童说："当别人提出不合理要求，甚至侮辱你的时候，一定要对欺负你的人说'不'！但不逞能也不软弱，以行动保护自己。比如说跑啊，或者叫妈妈了。以后在你未来的道路上也会有很多这种情况，要明白这点道理。"从那时候，童童就很少出现被别人欺负和侮辱的事了。

点点评评：

童童的忍让已经化作一种软弱的性格。孩子可以温柔但不可以软弱。妈妈告诉童童一个道理，人不能总是一味地让人欺负与践踏，要学会反抗，学会用语言拒绝，这样才能真正地活出自己。

"糊涂"父母那样做

乐乐的妈妈是个"老好人"，从来不会说一个"不"字，必要的时候宁可牺牲自己的个人利益也不会拒绝别人的不合理要求。对待孩子的教育也是一样的,当有小朋友来找乐乐玩时,乐乐如果不愿意去,妈妈会告诉乐乐:"人家都来家里找你了,你不去多不好啊。"在妈妈的影响下,乐乐也变成一个"小好人"了。

一天晚上乐乐的语文作业要求读书,结果书找不到了,想了半天,估计是同桌带回去了。妈妈问他为什么,他回答:"因为下午她借我的语文书写作业的。"妈妈又问:"那她自己的书呢?"乐乐回答:"因为她已经把书包整理好了,懒得拿,就问我借,结果最后走的时候忘了。"

如果有人来求乐乐做什么事情,他也不会拒绝,就算是他自己非常忙的时候,也会放下自己手中的事情,去帮助或应酬别人。比如,当他正在写作业或看书的时候,如果有同学说,乐乐,一起出去打球吧,乐乐不好意思拒绝,就会放下手中的作业,跟别人一块去玩了。

妈妈看到孩子变成这样,非常后悔当初对孩子的错误教育,现在不知怎么办才好。

点点评评:

乐乐妈妈自己不懂得如何拒绝别人,从而影响到乐乐也成为一个不懂得如何拒绝别人的孩子,让乐乐变成一个"好好先生"。

父母指南

社会是一个巨大的关系网,在很多情况下,孩子必须与他人共同分享许多权利而不能独占,但这并不是说就该一味地迁就对方,尤其是在他人严重危害到自身利益的时候,一定要懂得拒绝。

说"不"字并非是一件轻松的事情,能够灵活地掌握拒绝的艺术,也说明一个人的生存能力强。如果你的孩子因为不善于拒绝他人,结果使自己烦恼缠绕,总叹息无辜受累而别人还怨恨不断,结果导致双方人际关系的紧张。

聪明父母这样做

孩子是最单纯善良的，当他了解到自己的一句话、一个举动会给小朋友带来不愉快时，就会失去拒绝他人的勇气。要教会孩子勇敢地拒绝他人，父母就要做到以下几点：

（1）民主的家庭氛围，是孩子学会拒绝的前提。家庭成员，不论年岁大小均是一个独立的人，父母在和孩子相处的时候不能因为自己年纪大就对孩子持以独断专行的态度，而应该用商量的口吻，向孩子表明自己的态度，允许孩子把自己的意见、想法充分表达出来，还应该允许孩子否定父母的想法和做法。如果他提得对，或在某些方面有一定道理，父母就应该坦然接受。这样既能开发孩子的智力，又能培养其独立能力和判断问题的能力。

（2）鼓励孩子勇于做事、独立做事。孩子往往因为害怕别人不跟他玩而不敢拒绝，其实，这是人际关系依赖症的表现。对此，父母应该培养孩子的独立性，要让他学会独处，学会自立，学会自己跟自己玩，使他在单独活动的时候，也能觉得自己充实，而不是总跟在别人后面。只有这样，孩子才能从亲身体验中积累经验，增长才干，有能力对父母或他人的行为做出接受与拒绝的判断。

在日常生活中，凡是孩子自己能做的事情，应当鼓励孩子独立去做。比如，孩子跌倒了，让他自己爬起来，以培养他独立处理生活中小事情的能力。

父母需要帮助孩子正确把握自己的情绪，明辨是非。因为父母所要教孩子学会的拒绝是一种经大脑分析思考后的有意识的行为，是对人、对事做出的理智判断，对孩子来说也许有一定的难度，所以切忌急于求成。如果孩子因为胆小不敢拒绝，可以先让他学会拒绝父母，拒绝熟人，然后拒绝一些比较好说话的小伙伴，重复多次，孩子拒绝他人的胆子就会越来越大了。

巧妙地表达出"不"的意思，具体可让孩子学会灵活采取如下方式：

◎用沉默表示"不"。当别人问你："你喜欢当当吗？"你心里并不喜欢，这时，可以不表态，或者一笑置之，别人即会明白。

一位不大熟识的朋友通过电子邮件邀请你参加晚会，你可以不予回复。这本身表示，你不愿参加这样活动。

◎用拖延表示"不"。一位同学想和你去看电影。同学在电话里问："今天晚上8点钟去看电影，好吗？"你可以回答："改天再约吧，方便的时候我给你去电话。"你的同学约你星期天去商场，你不想去，可以这样回："其实我也要买些东西，可是要写的作业实在是太多了。"

◎用推脱表示"不"。一位同学请求你替他做值日。你可以说："对不起，我一放学就要赶快去补习英语。"

◎用回避表示"不"。你和朋友去看了一部拙劣的武打片，出影院后，朋友问："你觉得这部片子怎么样？"你可以回答："我更喜欢抒情点的片子。"

◎用反诘表示"不"。你和别人一起谈论国家大事。当对方问："你是不是认为物价增长过快？"你可以回答："那么你认为增长太慢了吗？"

◎用客气表示"不"。当别人送礼品给你，而你又不能接受的情况下，你可以客气的回绝。一是说客气话；二是表示受宠若惊，不敢领受；三是强调对方留着它会有更多的用途等。

◎用外交辞令说"不"。外交官们在遇到他们不想回答或不愿回答的问题时，总是用一句话来搪塞："无可奉告。"生活中，当我们暂时无法说"是与不是"时，也可用这句话。此外，有一些话可以用作搪塞："也许只有老师知道。""事实会告诉你的。""这个嘛，很难说。"等等。

当我们羞于说"不"的时候，请恰当地运用上述方法吧。但是，在处理重大事务时，来不得半点含糊，应当明确说"不"。

◎用幽默表示"不"。海明威住在美国爱达荷州时，适逢这个州竞选的议员知道海明威很有声望，想请海明威替他写一篇颂扬文章，帮他多拉几张选票。当他见到海明威，把要求提出来后，海明威一口答应次日派人送去。第二天清早，议员果然收到海明威送来的一封信，打开一看，里面装的是海明威太太过去写给他的一封情书。议员当时以为海明威匆忙之中弄错了，便把原件退回，顺便又写了一张便条，请海明威帮忙。不一会儿，议员又收到海明威送来的第二封信，拆开

聪明父母这样做

一看，竟是一张遗嘱，于是他就亲自到海明威家询问情况。海明威无可奈何地说："我真的拿不出什么东西给你，只有这两样。您是要情书呢？还是要遗嘱呢？"海明威极富幽默地拒绝了那位议员的要求，同时也讽刺了议员为了升官，不择手段的丑恶嘴脸。

智慧而勇敢地行使拒绝权，是每个人与生俱来的权力，但有时候的拒绝，却需要破釜沉舟的勇气。孩子最终要走向社会，要在群体中生活，如果不学会拒绝别人，只学会拒绝自己，将会失去很多。父母要告诉孩子，当别人需要我们帮助的时候，无视别人的求助，此为自私；但无原则的慷慨，则为过度；而适当的拒绝，才是最好的交往艺术。

6. 学会与人分享

自私的孩子，很难得到别人的喜欢，只有学会了与别人分享，才能使孩子很好地融入集体，赶走孤独与寂寞，使他心胸开阔，身心健康。

"聪明"父母这样做

有一次，妈妈煮了花蛤汤，小瑞特别喜欢吃花蛤，汤一上桌，他就把里面的花蛤全捞走了。爸爸批评他，他还振振有词地说："人家喜欢吃嘛，爷爷、奶奶也不喜欢吃，他们都要让我吃。"其实，爷爷、奶奶不是不喜欢吃，只是孙子喜欢什么，他们就全让给孙子。但是，爸爸故意把孩子碗里的花蛤夹到自己碗里，并说："爸爸也喜欢吃花蛤，你的这些花蛤让给爸爸吃些。我知道你是个乖孩子，肯定会答应的，是不是？"听爸爸这样说，孩子有点不高兴，可过了一会儿，他却说："爸爸，你不是说，有好吃的东西要和别人一起分享？你怎么把花蛤全拿走了！"爸爸心中暗自高兴，儿子"中计"了，便趁机表扬他："儿子说得真好，真是个懂事的孩子，现在你就把这些花蛤分给大家吧。"经过一番开导教育，小瑞知道自己喜欢的东西别人也会喜欢，从而学会了分享，从那以后，他再有什么好东西都不会只顾着自己了。

点点评评：

爸爸选择了这样一个现成的机会对小瑞进行潜移默化的教育，这样的随机教育，使小瑞懂得了，要把自己喜欢的东西与人分享。

"糊涂"父母那样做

东东今年上小学二年级，这次去参加学校组织的春游活动。妈妈给他装好一大书包好吃的，点心、饮料、零食一应俱全，而且一边给孩子收拾东西，一边告诉他："儿子，在外边吃东西时，不要把这些吃的拿给别人吃，你自己的东西自己吃就好了，你吃东西慢，要是和别人一起吃，你一定会吃亏的。"

到了郊外，老师叫同学们分组围坐，并在中间铺好餐布，让大家把自己带的食品放在一起，大家一起吃。同学们都照做了，只有东东还把自己的食品放在自己面前。

老师看了觉得非常奇怪，问东东为什么不把自己的食品和同学们的放在一起。东东就把妈妈的嘱咐告诉了老师，老师听后对东东进行了一番耐心的说服教育，东东才把食品摆放在中间。可是一会儿又出问题了，原来，东东吃东西时，只顾自己，几下就把东西吃光了，女生动作慢，没吃到，就跑来找老师告状……

点点评评：

妈妈怕东东吃亏，教东东拿好自己的食品，不要给别人吃，这样就把东东培养成了一个"自私鬼"，只顾着自己，不管别人。

聪明父母这样做

🔍 父母指南

分享是什么？分享就意味着把属于自己的东西，慷慨的分给别人，让别人分享。分享是与独占和争抢行为相对立的，不仅包括对物质和金钱等有形东西的分享，还应包括对思想、情绪情感等精神产品的分享，甚至还有对义务和责任的分担。

现在孩子绝大多数是独生子女，是家庭中众多成人关怀、照顾的唯一对象，从而养成了他们乐意接受别人的东西，却不愿将自己的东西与人"分享"的习惯。许多父母溺爱孩子，把孩子放在家庭的主导地位，在这种情况下，孩子心中没有他人，他们不会关心父母，不会关心他人，更不会关心社会，这样的孩子是不会懂得分享的。这种独占行为成为牢固的习惯后，孩子就会处处以自我为中心，把自己置于其他人之上，认为自己才是最重要的，其他人的利益是不重要的。由此可见，以自我为中心对自己人格的影响是巨大的。以自我为中心产生的消极作用主要表现为自私，这就导致了在与外界的交往中出现以下坏处：排斥"异己"，拒绝开放，忽视理性力量，回避真诚，吝啬付出，难以与他人合作，缺乏公心。长大后性格缺陷明显，严重的会导致无法与人正常交往，很难与他人形成良好的人际关系等。

那么，怎样让孩子学会分享呢？

（1）要适当地强化分享带来的快乐。很多孩子乐意玩别人的玩具，但是让他拿出自己的玩具给别人玩，他就不乐意了。如果是这种情况，父母在客人到来之前，就让孩子挑选几样他愿意让别人玩的玩具，告诉他不要担心玩具被弄坏。这样当他无条件地与别的孩子分享东西时，就能感到自己对那东西仍有控制力，它们还是属于他的。

如果你的孩子正上幼儿园，你可以在他的书包里，放一些书、玩具、零食或糖果，告诉他到幼儿园后，主动给其他小朋友分享。如果他不太乐意，你就要告诉他，大家一起玩才是最快乐的，同时，你现在让别人玩了，以后别人也会让你玩。这样，他就能慢慢地意识到和大家一起分享的快乐。

（2）父母要做好孩子的榜样。父母要规范自己的言行，为孩子起到示范作用和树立良好的榜样。所以，对于大部分父母来说，最重要的还是自己首先要学会分享。

在家里，父母分东西，要分给家里的所有人，让孩子在耳濡目染中学会有好东西要与人分享。父母可以让孩子为家人分苹果、分橘子等，教他先分给爷爷奶奶等长辈，再分给爸爸妈妈，然后才分给自己。在这种分东西的过程中，孩子不仅学会了与人分享，而且明白了应该尊敬长辈，关心父母，关爱同学的道理。也可以讲一些有关帮助别人、和小朋友友好相处的故事，给孩子提供学习的榜样，从而也会培养孩子分享的一种意识。自然而然地，当他在雨天看到别的同学没有雨伞被淋湿时，就会与同学分享一把雨伞；在午餐时，有的同学没吃饱，就会与同学分享自己的零食；在自己快乐的时候，会跟别的同学分享愉悦的心情……当然了，如果孩子做得好，父母进行表扬，这样，有助于孩子把好习惯保持下去。

（3）不要期望太多。虽然小孩子能够学会分享，但分享对小孩子来说还是个很难理解的观念。在要求孩子把玩具拿出来让别人玩时，一定要使他有足够的时间玩自己的玩具。承认孩子的所有权会使他感到分享是在他控制之下的。

与别人分享好吃好玩的东西，对别人说一些关心体贴的话，同情并帮助有困难的人，不计较别人过错，是一种好习惯，是一种优良的品质，更是一种境界。只要孩子养成了这种好习惯，就会成为受同学、朋友欢迎的人。

乐于分享，要经过一个漫长的过程，在这期间需要父母给予正面的引导，提供分享的机会，让孩子亲身体验与人分享的愉悦感受，从而养成与他人分享的习惯。

7. 学会与人合作

每个人都不是孤立存在的，要和他人互相配合，才能把事情做到最好。

"聪明"父母这样做

有一位年轻的妈妈为了让孩子明白与人合作的重要性，给孩子做了一个很有趣的小实验。她让孩子伸出自己的手，分别谈一下每根手指的优势和长处。孩子说："大拇指可以用来赞扬别人，食指可以用来指示事物，小指可以用来勾东西，中指可以……"

这时，妈妈笑眯眯地拿出一只玻璃杯，玻璃杯里面放着几个玻璃球。妈妈对孩子说："现在，请你把玻璃球从杯子里取出来，你可以用你认为最有本事的那个手指把玻璃球从杯子里取出来，记住，只能用一个手指。"

孩子的热情被妈妈调动起来了，开始试着把球拿出来，但是，不管他怎么努力，玻璃球就是取不出来。孩子越来越着急。

这时，妈妈对孩子说："现在，你可以邀请你另外一个手指与原来的那个手指合作，一起来取玻璃球。"这次，孩子轻而易举地把球从杯子里取出来了。小实验做完了，妈妈对孩子说："现在你应该明白了，一个人无论有多大的才能，他总有无法独立完成的事情，人与人的合作是多么的重要。"

点点评评：
　　妈妈利用在家庭生活中和孩子玩游戏的方式，让孩子体验与人合作的重要性。

"糊涂"父母那样做

　　帅帅的妈妈生怕孩子在学校里吃亏，还怕别人抢了帅帅的风头，于是整天在孩子耳边教导："孩子，你做任何事情都要一个人去做，你是最棒的，不要和别人一起做事，免得事情做成了，有人和你分功劳。"帅帅听话地点点头。

　　于是，帅帅在学校里，凡是集体游戏、集体活动，他都不愿意参加，情愿一个人独自玩耍；班级中大扫除，他总是借故请假，对集体的工作不热心；在学校的各类评比检查中班级获得了荣誉，同学们兴奋不已，他却显得很冷漠；同学之间相处时，他也总是一个人独来独往，也不愿意和同学多讲话。

点点评评：
　　帅帅的妈妈怕别人抢了孩子的风头，不让孩子和别人一起做事情，这样就会让帅帅变成一个对他人冷漠自私的孩子。

父母指南

　　我们任何人在这个世界上都不是孤立存在的，都要和周围的人发生各种各样的关系。你是学生，就要和同学一起学习，一起游戏，共同完成学业；你是工人，就要和同事一起做工，共同完成工厂的生产任务；你是军人，就要和战友一起生活，一起训练，共同保卫我们的祖国……总之，不论你从事什么职业，也不论你在何时何地，都离不开与别人的合作。

合作是现代人的一项基本素质与品格。如果一个人不能与人真诚合作,他就不可能成功。刘邦曾经说过:"夫运筹帷幄之中,决胜于千里之外,吾不如子房;镇国家,抚百姓,给饷馈,不绝粮道,吾不如萧何;连百万之众,战必胜,攻必取,吾不如韩信。三者皆人杰,吾能用之,此吾所以取天下者。"

合作不是一般意义上的人际交往,而是为了一个共同的目标结成的互助互利的双赢关系。合作的力量总是大于每个部分的总和。一般来说,有交往与合作习惯的人,在心理学上被认为是外向的人。外向的人往往能够自觉地与人交流,做事的时候也喜欢询问他人,获得他人的帮助。但是,外向的性格并不是天生的,这种性格是可以后天培养的。因此,培养孩子与他人合作的习惯尤其重要。

那么,怎样来培养孩子与人合作的习惯呢?

(1)让孩子懂得与人合作的重要性。在日常生活中,有许多行为必须要两个或两个以上的人合作才能完成,只凭一个人的力量是无法做到的。父母可以找机会让孩子体验一下一个人无法完成的挫折感,从而懂得与人合作的重要性。

(2)让孩子体验合作的乐趣。在生活中,父母可以让孩子参加一些合作竞赛,让孩子们尽力通过合作去完成任务。如果孩子一时没有完成任务,父母也不要责怪他,而是应该让孩子明白,成功的合作不一定要达到现实的目标,虽然有些合作的结果是失败的,但是,在合作过程中,参与者都尽了自己的努力,同时,每个参与者都感到非常愉悦,这就是一种成功的合作。

要让孩子多参加集体活动。那些"以我为中心"的孩子,开始在集体活动中很难与同龄伙伴和睦相处,只有碰了几次钉子以后,才会意识到在集体活动中一定要想到他人,让孩子在活动中获得与他人相处的经验。成功的合作可以让孩子产生良好的体验,这种体验能够带给孩子无穷的乐趣,进而促进孩子的合作意识和合作行为。

(3)在游戏中学会合作。日本人非常重视培养孩子的合作精神。在日本的体育教育中,个人项目很少,基本上都是集体项目。因为日本人希望通过集体性的游戏来激发孩子合作的精神。其中有一个叫"人工桥"的游戏是这样的：全体学生弓着腰，拉着手，形成一个人工桥，其他学生就在这个"人工桥"上踏过去。做桥的孩子们都弓着背，让自己小组的选手往上跑，一个接一个地。跑过后的孩子则在队伍前面弓下腰，再来充当人工桥。这个游戏需要较强的合作精神，每一个做人工桥的孩子都要站得牢，才能让其他孩子从自己的背上跑过去。孩子在这个游戏中可以学会与人合作。

孩子从小在家庭中学到的知识，培养的精神，都会渗透到他们的性格中去，而在长大后带入社会。一个懂得合作精神的孩子会很快适应工作岗位的集体操作，并发挥积极作用；而不懂合作的孩子在生活中会遇到许多麻烦，因产生更多的困难，而无所适从。

第九章

青春期篇:"聪明"父母帮助孩子平稳度过青春期,"糊涂"父母与青春期孩子针尖对麦芒

1. 平稳度过叛逆期

一说到青春期的孩子,人们的脑海中会马上浮出"叛逆"二字。孩子出现叛逆,是青春期最突出的特征。

孩子到了叛逆期,实质是"脱胎换骨"的开始,意味着孩子有了自我意识,独立意识开始增强。孩子们开始有自己的审美意识,有自己的判断标准,他们开始看不惯任何事、任何人。对父母而言,青春期孩子的心态,成了父母眼中的迷。

"聪明"父母这样做

园园今年14岁,从这段时间的表现来看,父母发现她好像越来越不懂事儿,越来越不守规矩,并且越来越不懂礼貌了。以前接到父母电话时会有说不完的知心话,碰到父母心情不好的时候还会学着大人那样安慰爸爸妈妈。可现在不同了,现在园园接父母的电话时,连再见都懒得说就直接挂了。与妈妈在一起的时候老是为一点小事就发生冲

突。这段时间，家里总是硝烟弥漫，园园就像一个不定时炸弹。

这不，园园和妈妈又开战了。原因是秋天天气开始转凉，可园园还执意要穿裙子去学校，并且还是超短裙。妈妈好心叫她换，她却说："你烦不烦啊！你不说不行吗？一天到晚就知道说说说！"园园一幅被烦透的表情。

妈妈被园园一大清早的顶撞震怒了，于是大声呵斥道："今天不换裙子，你就不准出门！"

园园也毫不示弱，"不出门就不出门！"说完便哭着跑回房间去了。看着孩子哭着跑回房间，妈妈才觉得自己有点过分了。冷静细想之后，妈妈没再管孩子，自己提着包去上班了。利用中午休息的时间，妈妈用电脑给园园发了一封邮件，说明自己早晨有点急躁，方法不对，但都是出于对孩子的关心和爱护，并说以后会注意自己的言行。

下午，妈妈收到一封孩子的道歉邮件。原来园园上电脑课看到妈妈给自己发来的邮件，冷静想想自己的所作所为，留下了后悔的眼泪。

从那以后，园园再也没有顶撞妈妈，妈妈也再没有大声训斥园园了。一家人又重温和谐气氛。

点点评评：

青春期的园园就像是一根刺，见了谁都扎。而妈妈聪明地运用邮件的方式跟孩子沟通，不仅没被孩子扎到，而且还彻底将孩子这跟刺拔掉。

"糊涂"父母那样做

上初三的漫琳最近不怎么爱学习，总喜欢有事没事坐在电脑前上网，爸爸妈妈说她也不怎么搭理。

星期五，漫琳放学回来一放书包，立马就打开了电脑，在网上看起了她最爱的韩剧。刚下班回来的爸爸见状，立刻训斥道："我一回来

聪明父母这样做

就看到你上网，快写作业去！"

漫琳像是没听见一样，依然趴在电脑前笑得前俯后仰。爸爸越看越生气，走到墙角，伸手就把插座上的电源关掉了。

漫琳见爸爸不让自己看电脑，便很不客气地说："你怎么这么没素质呀！真没见过你这种人！"

爸爸见孩子如此说自己，更是火上浇油："你再说一句，你再说一句我就打死你！"

漫琳见爸爸都说要打自己了，连哭带吼地说："我就是要说，我就是要说，你打啊，你就打吧！"

果然，"啪"的一记耳光落在漫琳的脸上，这时，刚下班的妈妈回来了，见爸爸气成这样，也连忙指责漫琳说："你看你看，是不是又惹你爸爸生气了，这段时间你总是一副不冷不热的样子，大人叫你也不应，真不知道你是哪根神经不对劲了还是吃错药了！"

漫琳见妈妈并不知道事情的原委也跟爸爸站在一边，一下子边哭边跑回了自己的房间。

那天晚上无论父母怎么用力敲门，漫琳都没有开。等到父母撬门进入的时候，漫琳已经割腕自杀了。

> **点点评评：**
> 这则触目惊心的悲剧无疑是漫琳的父母造成的。处在青春期的漫琳，情绪本来就是不稳定的，而父母却不了解这些状况，爸爸的呵斥和耳光，妈妈不知原委的指责，都是杀害漫琳的凶手。

父母指南

孩子进入青春期，随着身体与心理上的变化，有的父母会感觉孩子离自己越来越远了，并且感觉教育孩子越来越费劲了，特别是当孩子对一些事情持有自己的看法和感受时，他们对父母也不再是言听计从了。因此这类现象，令很多父母感觉自己在绝望与无助的边缘挣扎。

青春期是孩子的分水岭，是孩子的关键期，更是孩子的爆发期。每个孩子青春期表现出来的叛逆是不同的，有的孩子的表现会让父母觉得孩子长大了，但更多孩子的表现却是让父母难以理解。

青春期又被称为"心理断乳期"，这个时候，孩子不仅是身体上发生变化，在思维方式上和看待问题的眼光上也会发生改变。而他们的这种思维方式与看待问题的眼光往往容易使情绪过激，而对身边的事物和人物，有着叛逆的心理。

叛逆的青春期又被称为危险期。在我们的身边就有很多因为父母不能妥善地处理孩子的叛逆行为，而引发家庭战争，最后酿成悲剧的例子。那么，我们的父母又该怎样才能正确地对待孩子的叛逆期呢？

（1）尊重和理解孩子。当孩子进入青春期，他们的脑袋里开始有了自我意识，有了衡量事物的标准，所以，这个时候的他们是最希望父母能把自己当大人看的。父母这时就理应尊重孩子的行为与想法，面对孩子的叛逆行为，父母理应保持理解的态度。叛逆是青春期最常见的表现，父母不要以为那是神经病的表现，适当地给予宽容和理解。

（2）不能与孩子对着干。俗话说，一个人可以牵马到河边，十个人却难以让牛低头喝水。父母若与青春期的孩子较劲，那只能是两败俱伤。青春期的孩子确实有很多行为和言语，令父母难以接受，父母应采取更恰当的办法与孩子进行沟通，或者运用间接或委婉的方式劝阻孩子，这样的情况多了，他们自会有所收敛。

（3）多倾听，多交流。从表面看，青春期的孩子不愿意和父母交流，可实质上内心叛逆的孩子是非常渴望父母与自己交流的。此时父母不要因为孩子对自己不理不睬而不与孩子沟通，更不要因为自己工作上的事或者别的应酬而忽视了与孩子交谈。孩子心中其实有很多奇奇怪怪的想法和见解，他们想说出来得到父母的支持和肯定。作为父母，就一定要把握这个机会，肯定孩子，让自己得到孩子的信任。如果孩子的想法有误差，父母一定要用委婉的语言劝阻孩子，并引导孩子向正确的方向发展。

（4）允许孩子有个人小空间，做到少唠叨。青春期的孩子，大多

聪明父母这样做

有一个共同点，那就是希望自己的父母不要管得太多，允许自己有一个独立的空间。进入青春期的孩子，已经有了自己独立的思想，已经不像以前父母怀里温顺的小猫了，再让孩子处处听自己的也是不可能的。如果父母采取强硬的措施，让孩子必须听从于自己，那样孩子必定会与父母对立起来，到时候，不叛逆的孩子也会变的叛逆起来。

2. 理性对待孩子追星

追星成了当今校园的一大时尚追求，这也是再正常不过了，有很多孩子的父母在自己小时候也追过星。明星们的风采、气质、魅力，满足了自己心理上对自己的期望，他们都希望，自己也能有一天像明星们一样，接受鲜花和雷鸣般的掌声。

"杨丽娟"事件的发生，引起了许多媒体的关注和父母的震惊，当然，他们也无不表示出为当今时代追星孩子的担忧。

🔍 "聪明"父母这样做

文文的班上最近掀起了一股追星热，很多同学都崇拜周杰伦、蔡依林。文文也是追星族里的一员，她崇拜的明星是徐静蕾和刘若英。文文可称得上是她们的铁杆粉丝，每次不管是徐静蕾拍的什么戏，文文都会死心塌地的追到电影院去一睹为快；刘若英的歌，文文几乎每首都会唱，她房间里的墙上，贴的全是刘若英和徐静蕾的照片。

这次，听说刘若英要来文文所在的城市开演唱会，文文兴奋得寝食难安，她想开口跟妈妈要钱去买演唱会门票，可是又不敢跟妈妈说，怕妈妈不同意。文文这几天心里都放不下这件事情。这天晚上，文文终于鼓起勇气跟妈妈说了，妈妈并没有说文文，而是抚摸着她的头发，说："其实一张演唱会说贵不贵，说便宜也不便宜，但是你既然想去看，妈妈就支持你。但是你除了知道刘若英歌唱得好，还有别的什么特长吗？"

文文对妈妈的这个问题很感兴趣，她摇了摇头，并热切地看着妈妈。

妈妈说："刘若英不仅歌唱得好，出国留过学，最重要的是她还写得一手好文章呢，出过散文集。"文文的眼睛瞪大了，她从来不知道刘若英还这么厉害。

妈妈又说："你还喜欢徐静蕾，徐静蕾除了演戏，她现在是国内最年轻的女导演，很有才华，并且她的书法写得很棒，是圈内难得的才女。"

文文听了妈妈的一番话，对这两位明星不由得由喜欢变为崇敬了。

文文看完刘若英的演唱会，心满意足地对妈妈说："妈妈，从今天开始，我要努力学习，我也要好好地把作文写好，像刘若英那样，写得一手好文章。"

果然，文文以前最讨厌写作文，自从看完演唱会之后就喜欢上了写作文。现在文文的作文经常被老师在班上朗读，老师夸她文笔好，有灵气，再努力一些，说不定以后可以成为作家呢！

点点评评：

文文的妈妈就是抓住了刘若英善于写文章的特长，让文文去仿效和学习，并且克服了文文讨厌写作文的毛病，写作水平也越来越进步了。

"糊涂"父母那样做

追星是理想的天真，也是激情的盲目。对于正在读书的少女来讲，明星的魅力对她们有着巨大的吸引力。

最近，晴晴疯狂地喜欢上一位韩国明星Rain，她的房间里也挂满了

聪明父母这样做

Rain的相片，还每天听他唱的歌曲。这一天，晴晴在市场上又看到一张Rain的照片，她觉得这张照片的Rain特别酷，于是毫不犹豫地买下了。

那天，晴晴非常有收获，不仅买到Rain的照片，还买了一张Rain最新出的歌碟。她兴高采烈地回到家里，妈妈看到晴晴又买这些玩意，非常生气，说："你怎么老是买这些，买这些能当饭吃吗？"

晴晴不屑妈妈这副态度，说："人家是大明星，你自己不懂时髦，还要阻止别人时髦，真是落后。"

妈妈更生气了："你看你，要买多少张这些画才够啊，花钱买这些歌碟有什么用，学习不好好学，光唱这些、看这些你就能学习好吗？以后不准再买了，买了妈妈全部没收。"

晴晴不理会妈妈："我就要买，我偏要买怎么了？我就喜欢。"

妈妈顿时就像头被晴晴激怒的狮子，吼道："你再跟我说一遍，信不信我现在就把那些照片全部撕下来？有本事你就说！"

"撕就撕吧，你去撕好了。"晴晴非常倔强，为了她的偶像，偏要与妈妈对着干。

果然，妈妈把晴晴房间里的照片全部扯下来，还把歌碟扔了出去。面对妈妈的做法，晴晴绝望极了，她觉得妈妈这般不可理喻。从那时候开始，晴晴就很少跟妈妈说话了。为此，妈妈非常着急也非常后悔。

> **点点评评：**
>
> 面对晴晴的追星行为与倔强脾气，妈妈的做法显然太偏激了。如果妈妈能心平气和地跟晴晴讲道理，说不定晴晴的追星行为会有所收敛，更不会对妈妈产生厌恶。

父母指南

有一家媒体曾对2000名中小学生进行调查，调查结果显示，54%的学生明确承认自己是追星一族，17%的学生也承认自己有时候也有追星行为。

然而，有许多孩子为了追星而耽误了学习，甚至出现了严重的错误。因此，追星这个问题一直缠绕着父母，到底要不要追，如何追，这是一个父母必须要研究和学习的问题。

其实，追星也是一把双刃剑，孩子们的思想是不成熟的，很容易在追星的激情中失去理智。因此，父母一旦发现孩子有追星现象，一定要掌握好有效的方法，让孩子不会被追星行为所害，应该让孩子在追星的过程中受到启发与教育。面对追星的孩子，父母应该这样做：

（1）了解明星。当父母发现孩子追哪位明星时，应该多去关注这位明星，对这位明星甚至比孩子知道的资料还多。当孩子和你谈起这位明星，你可以尽可能的说些孩子不知道的明星资料，比如说成名背景、历经路程之类的，让孩子觉得你神通广大而崇拜你，从而不会产生代沟，并且让孩子觉得和父母有共同语言，完全有助于促进父母与孩子的内心距离。

（2）告诉孩子，明星只是一个侧面，不能盲目，让孩子把握一个度。告诉孩子，追星不是不可以，但是如果为了"追星"而去荒废学业，那是一点都不划算的。父母应该告诉孩子，如果这个明星值得追的话，父母也愿意陪着他们一起追。每一个明星的身上都可以挖掘其动人闪光的一面，父母应该引导孩子挖掘明星身上健康向上的品质，鼓励孩子向他们学习。比如周笔畅除了会唱歌，写歌词也很棒，还享有大学校园的才女之称，通过这种方式，激发孩子的学习热情。

（3）让孩子领悟明星身上的奋斗精神。父母告诉孩子，台上一分钟台下十年功的道理，我们只看到明星们在舞台上光彩照人的一面，而未看到他们在台下勤修苦练的一幕。父母应该告诉孩子，有的明星在成名之前，也是经历了许多的失败与挣扎，让孩子从明星身上真正懂得不经历风雨怎么见彩虹的道理。

（4）丰富孩子的业余生活。父母多培养孩子更广泛的兴趣与爱好，如阅读、打球、园艺、工艺、写作等等。当孩子的兴趣爱好得到扩展，会使得孩子从狭隘的"追星"中解脱出来，并使偶像范围的扩大成为可能，这对孩子的健康成长是很有帮助的。

聪明父母这样做

3. 恋上老师怎么办？

孩子进入青春期后，随着身体和思想上的转变，一种少男少女怀春的情怀油然而生。他们渐渐地喜欢关注异性，也很希望自己能被异性关注。女学生喜欢男老师，男学生喜欢女老师，在青春期是一种正常的心理现象。对于老师，孩子们更容易被其渊博的知识和讲台上口若悬河的个人魅力所吸引。稍不控制，就很容易发展为爱慕，父母一旦发现孩子有这种情况，一定要保持冷静的态度去带领孩子走出这个误区。

"聪明"父母这样做

到了初二以后，学校给学生们重新调整教学老师。这次担任张娅班主任的是教语文的陈老师。第一次上完陈老师的课，私下就有女生开始议论：好有磁性的声音哦，有才华又风度翩翩，听说陈老师还没结婚呢！男生们却公开的议论：陈老师的课生动活泼，性格也很有男人味，陈老师现在是咱们的偶像。张娅虽然没表现出来，但是心里早就被陈老师的个人魅力所吸引了。

从此，只要是陈老师的课，张娅都听得十分认真，专心地盯着他的一举一动，享受他散发出来的男性气息以及风趣的讲课方式。

渐渐地，张娅把欣赏和敬佩陈老师的心理转变成了爱慕，以至于她觉得自己已经爱上陈老师了。她把对陈老师的情感写成一张一张的纸条，放在家里的抽屉里。

星期天，妈妈给张娅的房间打扫卫生，不经意间发现了张娅的这些纸条。妈妈惊奇极了，但是她马上又镇定下来。那天晚上，妈妈要求跟女儿一起睡觉，母女俩躺在一起，有说不完的话，妈妈跟张娅委婉的聊起了那些纸条，张娅不好意思地低下了头，不敢去看妈妈的眼睛。妈妈却抚摸着张娅的头说："恋上老师不是你的错，不要有心理负担。但是，你目前的任务是好好读书，将来做一个有出息的人。你所谓对陈老师的喜欢和爱，只是一种对于老师学识的崇拜，但是老师不会因为你对他的喜欢就对你产生额外的好感，因为老师欣赏品学兼优的学生。所以你要认真读书，好好读书，才是对老师最好的喜欢。"

从那以后，张娅再也没有对陈老师有进一步的想法了，也没有在陈老师面前表现出那份羞涩了，更多地表现出一个好学生那样的活泼。

点点评评：

像张娅的这种情况，相信是很多女孩都曾遇到过的。但张娅的妈妈并没有因此责怪张娅，而是用委婉的语言告诉张娅，自己对老师的这种喜欢并非是男女之间的喜欢，而是一种对学识的崇拜。妈妈还告诉张娅，老师喜欢品学兼优的学生，使张娅把喜欢老师化成了一种学习的动力。

"糊涂"父母那样做

小英从小学习成绩都是全班前三名。现在上高一，她疯狂地喜欢上了数学老师。数学老师是名牌大学的毕业生，英俊潇洒，还很幽默。小英发疯地喜欢着他，只要一天见不到他，就会失魂落魄，每次看到他都很激动。

有一天，她压抑不住自己的爱意，终于鼓起勇气跟老师表白了，可令人没想到的是老师当场就拒绝了她，并且说老师已经有女朋友了，这个事实让小英遭受了严重的打击。她两天逃学没去学校上课。小英的父母找小英最好的朋友打听原因，才知道小英是喜欢上了老师，又

聪明父母这样做

遭到了拒绝，父母听后气愤极了。当在外面流浪了两天的小英刚回到家门口，就遭到父亲的一记耳光，母亲开始在旁边痛斥，弄得左邻右舍都来看热闹。

父亲却不顾家里有很多外人在场，依然怒声地骂道："我拿钱是让你去读书的，不是拿钱去给你在学校喜欢别人的。"

小英本来已经失望透顶了，被父亲这么一骂，她仰头道："好，从今天开始我就不读书了，不花你们的钱了，我知道你们早希望这样了！反正去学校也没什么意义了，还不如不去了！"

果然，连续几个礼拜，小英都没有去学校上学，不管父母怎么劝都没用。小英美好的前途就这样被毁了。

> **点点评评：**
> 恋上老师却又被老师拒绝的小英，不仅得不到父母的谅解，却受到父母的挖苦与打击，这使小英产生了偏激的想法和错误的决定，毁了小英的前途，父母也后悔莫及。

父母指南

老师的才华、风趣、成熟，再加上帅气的外表，引起学生的爱慕，这是非常正常的，这也是当今时代的一大社会问题。有的父母面对孩子的这类现象，会表现得非常焦躁不安和惶恐，甚至做出一些失去理智的行动，最后反而酿成悲剧。其实青春期的爱情是盲目的，多变的，不稳定的。但是对于青春期的孩子来说，他们并不太懂，所以，此时父母要做的并不是一味地担心与惶恐，更多的是要及时给孩子做思想工作，慢慢引导孩子走出误区。

面对这样的问题，大可不必担心。

（1）理解体贴孩子。父母一旦发现孩子喜欢某位老师，首先要做的不是痛斥，而是倾听。当孩子喜欢上老师又得不到合理的宣泄，往往自己的内心会十分压抑，这也必然影响到孩子的学习与健康，这时候父母就要及时地与孩子沟通。学会倾听，让孩子把这份爱慕或者矛盾宣泄出来。如果痛苦在心里憋久了，又没有倾诉对象，反而致使孩子产生不良的心理而导致糟糕的情绪，这很不利于孩子的身心健康。

（2）让孩子把这种喜欢化成学习的动力。告诉孩子，这并不是什么可耻见不得人的事情，这是一种正常的心理现象，让孩子不要有心理负担。并且告诉孩子，师生之间适当的爱是可以理解的，最关键的，老师只喜欢学习成绩好的学生，让孩子的这份爱慕变成一种学习的动力。父母平时也鼓励孩子多参加一些集体活动，分散孩子的注意力。

（3）也可以直接告诉孩子，这是一种不成熟的爱。因为你现在年龄小，对爱情的判断力和欣赏水平有局限性，等到年龄和知识达到了一定的水平后，就会改变这种欣赏观念和看法。用这种方式慢慢淡化是最理智的态度，让孩子将这种崇拜变成努力学习的目标，取得更好成绩的动力。让这种爱慕渐渐地的变成孩子对知识的崇拜。

4. 青春期的小秘密

孩子有秘密，说明他们正在从幼稚走向成熟，开始学会独立思考了。因为逐渐成长，他们会有自己的隐私，父母要尊重孩子的隐私权。

"聪明"父母这样做

小川有一对非常开明的父母，这一点让他最为自豪。在他12岁的时候，他的父母就允许他有自己的小秘密。

他的父亲关于这一点是这样说的：

聪明父母这样做

当发现自己的孩子有了小秘密后,我和他妈妈都很高兴,因为这是他开始走向成熟的标志。一个毫无保留地在父母和他人面前诉说自己内心秘密的傻小子是不会成为成熟的人的。为此,我给他买了一个有抽屉的写字台,并主动把抽屉钥匙交给他,让他学会保守自己的秘密。

后来,上了初中、高中,他也会收到一些同学、朋友的来信,包括异性的信。我们在教育他如何与同学搞好关系、与异性同学交往中应注意的问题时,还嘱咐他一定要妥善收好这些信件,不要遗失在外面,免得给自己和朋友带来不必要的麻烦。

> **点点评评:**
>
> 　　小川的父母非常尊重他的隐私,鼓励孩子保守自己的小秘密,让孩子得到了充分的理解和尊重。

"糊涂"父母那样做

晚饭后爸爸与儿子强强闲聊,提到他最近的作文,爸爸说:"写东西要从平时的生活中积累,有生活,有感受,写出来的东西才真实可信。与其考试时胡编乱造,不如平时尝试着多写写日记吧。"

"写日记?看来你这个想法是蓄谋已久了!"强强像是抓住爸爸的把柄,一脸坏笑。

"这话从何说起呢?"爸爸确实有点不明白。

"拜托你老爸,写日记都是上世纪80年代的古董式做法了。你看看现在哪个年轻人还写日记?大家都上网写博客,亮出自己的文章、相片和隐私给好朋友或者陌生人看。"

"那写博客也行呀,没事我好欣赏你的文章!"

"唉,绕了半天,你无非是想借看日记为名,'刺探'我的私生活,偷窥我的隐私。想想你们这辈人就可悲,老老实实地把自己的心里话写在日记上,等着父母'御览'后臭骂一顿。有心眼的还上密码锁,把日记藏来藏去的,真是麻烦。我本以为你们这一代人能比爷爷那代人开明，谁承想还是'换汤不换药'。现在看来，心里话还是留在心里比较安全，什么都别写，省得某一天让你们发现，给我来个上纲上线，指不定还逼我离家出走呢！"

强强的这番话说得爸爸哑口无言，本来爸爸没有探听孩子隐私的意思，只有打算查看他日记的想法，却让敏感的孩子处处提防。

点点评评：

强强的爸爸在和孩子的交谈中让孩子感到爸爸想看自己的日记，窥探自己的隐私，立刻对他戒备重重。

父母指南

现在的学生中普遍流行着这种观点："考试最辛苦，老师最可怕，父母最难防。"乍听到这句话，父母可能会有点疑惑，为什么会这样？父母成了孩子需要提防的人？可能你向孩子"请教"，他也会回答你"不太清楚"。

我们还记得自己的父母对此的一番大道理，说什么"实在不了解你们怎么想的"、"了解你的心理活动也是为你好，怕你早恋，跟坏孩子学坏"……转眼之间，我们这代人也为人父母，却习惯了像父辈一样过多地干涉孩子的私生活，时间长了使得孩子像"防火"、"防盗"一样地防着我们——要知道，我们可是孩子最亲的人。连父母都不相信，他们以后还能相信谁？朋友、同学，还是陌生人？

仔细想想，问题其实出在父母身上。每个人心中都有不能说的秘密，不仅大人对自己的隐私讳莫如深，小孩也不例外。父母与孩子虽然有着血浓于水的亲情，但毕竟年龄上要相差二三十岁，彼此之间有着天然的"代沟"。父母未经允许偷看孩子的信件、日记、博客、电子邮件、手机短信，更过分的如翻看孩子的书包、抽屉，偷听孩子电话、跟踪孩子等行为，都是非常不尊重孩子的行为，也是现行法律所不允许的。

聪明父母这样做

有时候，孩子一味防着你、躲着你，使父母产生了好奇心或者犯了疑心病，以为孩子有什么事在瞒着你。于是，就采取了诸多手段，不自觉地触犯了孩子的隐私权。在很多父母看来，这都是小事，有的还毫无愧色地说："你的命都是我给的，看你一篇日记、一封信就错了？"殊不知对孩子而言，大人的种种行为，都是对他们不信任和不尊重的表现，对他们的打击可以用"天塌下来"来形容。其实，多数孩子的日记里，很少有什么"不可告人"的事，更多的是孩子的一些思考和心里话。当父母的，要允许孩子有自己的秘密，不要像"业余狗仔队"一样，对孩子的私生活穷追猛打。

孩子有秘密，说明他正在从幼稚走向成熟，开始学会独立思考了，自尊心也在增强。尤其是步入青春期以后，孩子心里"对成人的封闭性"和"对伙伴的开放性"比较明显，这些"小大人"需要得到周围人的尊重来完善自身的独立人格。那些对人彬彬有礼的孩子，必然是在家里受到很多尊重；那些蛮不讲理、行为粗野的孩子，在家里一定是得不到父母的尊重的。

虽然在父母眼里，孩子还没长大，但作为一个独立存在的个体，即使再小的孩子也有自己支配自己个人信息、私人生活空间的权利。所以，父母不应该以爱孩子为借口，忽视孩子的权利，而应该听取并尊重孩子的意愿和主张，千万不能用自己的方式去处理孩子的"个人世界"。

如果父母无视孩子的这种隐私权，那么就会对他们的身心造成许多不良的影响。

首先，伤害孩子的自尊心。隐私通常包含有个人缺陷、错误等信息，他们不希望这些被别人知道，否则自尊心会受到极大伤害。

其次，破坏孩子的人际关系。孩子的一些隐私中会涉及他的同学、朋友，例如与同学一起逃课，并约定保密。父母知情后，如果不分青红皂白将事情公之于众，便会招致同学的怨恨，破坏了孩子的友谊。

最后，削弱亲子关系。孩子的隐私被侵犯后，必定会引起其对父母的反感和不信任。这种隔阂一旦形成，不仅不利于亲子关系，而且再对他们进行有效教育也会很困难了。

既然侵犯孩子的隐私有这么多坏处，那么是不是说孩子的私事就不能过问，一切就都由着他们了呢？当然不是这样，要过问，但不要背地里私自行动，而是要当面过问，要明确指导思想，并讲究一定的方法。如果你想把孩子培养成为高素质的人才，那么，首先你自己要努力成为这样的人。想让孩子尊重你，你应先尊重孩子。以下行为，希望做父母的能够一直做到、并且永远保持下去：

（1）做到以下几个小细节。想进入孩子卧室，先轻声敲门，得到允许后方可进入；孩子不在家时，除非极特殊情况，不得擅自闯入孩子房间，移动或偷看孩子的物品；当孩子换衣服或者如厕时，不要贸然闯入，即使你是他的父亲；想让孩子具备一定的法制观念，你自己也一定要懂法、守法。给孩子买一本新出炉的《未成年人保护法》的小册子，让孩子明白哪些是自己应有的权利；正常情况下，孩子的隐私要时刻尊重。但若是孩子做了越轨、违法或犯罪的事，那就不再是隐私了。在这点上，做父母的要及时发现苗头、防微杜渐，必要时与警方联系，帮助孩子迷途知返。

（2）用信任换取孩子的主动坦白。当孩子对父母产生信任之后，往往会主动说出一些心里的秘密，与父母分享或让父母帮助出主意。所以，争取得到孩子的信任，是了解他们内心秘密的最佳办法，这样既不会伤害孩子的自尊，还会加深亲子关系。

（3）给孩子一个独立的空间。教育界有这样一句话：没有秘密的孩子长不大。作为父母应该放下心来，相信孩子能带着秘密健康成长。如果有条件的话，可以给孩子一间独立的房间，或者一只只有他自己才能开启的抽屉，并让他知道，父母是相信他的，不会破坏属于他的空间。这样才能让孩子与家庭和父母走得更近。

（4）多注意和孩子平等地交流。如果孩子有了小秘密，父母要给予一些正面的引导，告诉孩子哪些是需要让父母知道的，哪些自己可以保留。另外，父母还应该多和孩子进行沟通和交流，这样可以从不同的侧面了解到孩子心中的一些秘密，然后再根据不同的性质和作用，尽量帮助孩子减少心理上的负担。

不管父母有没有意识到，无可否认的是，青春期的孩子已经慢慢地长大了。他们需要有自己的私人空间，他们也会有不愿与别人分享的

聪明父母这样做

隐私，这是他们成长必然要经历的一个阶段。而这时候的他们也是最需要父母理解的时候，所以，爱他们就要尊重他们的一切，包括他们的隐私，这样才更有机会用理解和信任换取孩子内心真实的想法和一些不能言说的秘密，并成功帮他们化解。

5. 寻找共同语言

父母要试着寻找和孩子的共同语言，试着走进他们的内心，这样对教育是有百益而无一害的。

"聪明"父母这样做

小磊今年只有13岁，他最近迷上了拳击，每天晚上做完作业后都喜欢坐在电视机前看拳击比赛，还买了一堆拳击明星的画报和杂志。妈妈没有表示不满，而是虚心地向孩子了解有关拳击的一些知识，这让小磊觉得自己找到了知音。于是就非常喜欢跟妈妈讲解这些东西，不知不觉小磊妈妈也明白了拳击的一些门道，有时她还和孩子一起看拳击比赛，一起评论某位拳击手，两个人也会一起随着比赛的进展而忽悲忽喜。小磊为此非常开心，觉得妈妈非常尊重他。于是，他把妈妈当作最知心的朋友，什么话都跟她说，而他的学习成绩也在妈妈的正确指导下越来越好。

点点评评：
小磊的妈妈看到孩子的爱好就努力去学习，好让自己和孩子有共同语言，这样小磊就越来越爱和妈妈谈话，和妈妈成了好朋友。

"糊涂"父母那样做

亮亮今年读初中二年级，非常热衷于足球和篮球等体育运动，课余时间，经常和同学们谈论世界杯、NBA球赛，谈论哪位球星的球打得好，谁的球漂亮，谈论他们喜欢的球星的生活等话题，而亮亮的妈妈却是个球盲，她对那些关于足球、篮球的一切事情都一窍不通，每次和亮亮交谈，她最关心的就是孩子的学习，要不然就是吃穿，她希望孩子在吃饱穿暖后，好好学习，然后考上一所好大学。可亮亮却是个不怎么爱学习的孩子，学习成绩一般，妈妈就整天督促他，这让他特别烦，而他有时想和妈妈谈谈喜欢的足球，妈妈却什么都不懂，不是敷衍他，就是把话题又转到学习上，亮亮对此常苦恼地说："妈妈一点也不理解我，我和她根本就没有共同语言，话说不到一起，没意思！"从那以后，亮亮再也不愿意和妈妈交流了，放了学回到家后自顾自地看球赛，要不然就一头钻进自己的房间，母子两人在吃饭时都互不说话，妈妈偶尔问亮亮什么话，亮亮总是爱理不理的。妈妈对此感到非常无奈，有时也会伤心，她说什么亮亮都听不进去，从此两人总是冲突不断，她真不知道孩子的脑袋里想的是什么。

点点评评：

亮亮的妈妈不了解孩子的爱好，也不去试着了解，这样孩子只会和她越走越远。

父母指南

青春期孩子的内心世界是丰富多彩的，父母只有了解他的内心世界，了解他心里在想什么，了解他的理想和追求，了解他的爱好，了解他喜欢什么，讨厌什么，才有可能成为他真正的朋友、真正的导师，才有可能让父母对他的教育真正触动他的内心，从而得到很好的

聪明父母这样做

教育效果。

由于年龄的差异、经历经验的差异以及生活环境的差异，父母和孩子所关心的事物和事件也会有差异，如果父母不了解这些差异，就容易形成彼此间沟通和互动的障碍，进而也会成为父母实施家庭教育的阻碍。

父母要想对孩子的教育真正行之有效，就需要耐心倾听他们的心声，了解他们的内心世界，同时，也要向他们学习，以寻求和孩子更多的共同语言。

另外，当父母和孩子没有共同语言时，不要一味地批评孩子，要先检讨一下自己，有没有做得不到位的地方。

有位教育家说过："没有问题孩子，只有问题父母。"的确，孩子在逐渐长大的过程中会出现很多问题，比如撒谎、拖拉、懒惰、自私、逃学、打人等，孩子的这些问题其实都和父母对他的教育方式有关，是父母不当的教育方式带来的不良后果。

还有很多父母在孩子出现某些问题之后，却不自省。他们更多地会埋怨孩子不听话、不好教育，有时也会埋怨社会太乱、问题太多，埋怨学校和老师教育不当，埋怨周围的人把孩子带坏了，他们从来没有想到过是不是自己哪些不当的言行给孩子带来了那些不利的后果。这其实是做父母的一个失败，真正明智的父母会不断地去学习教育的方法和技巧，会勤于反思自己对孩子的言行哪些是有利或不利的影响。

所以，当父母和孩子没有共同语言时，不要去批评他，要先检讨一下自己是不是不够了解自己的孩子，然后想方设法去弥补和学习，和孩子找到共同语言，和他成为好朋友。